Alex & Me

Alex & Me. Copyright ⓒ 2008 by Irene Pepperberg.
All rights reserved.

No part of this book may be used or reproduced in any manner
whatsoever without written permission except in the case of brief quotations
embodied in critical articles and reviews.

Originally published in United States of America by HarperCollins.
Korean Translation Copyright ⓒ 2009 by Courrier books.
Korean edition is published by arrangement with HarperCollins
through Brockman Inc.

이 책의 한국어판 저작권은 Brockman 에이전시를 통한
저작권자와의 독점 계약으로 꾸리에북스에 있습니다. 저작권법에 의해
한국 내에서 보호를 받는 저작물이므로 무단전재와 복제를 금합니다.

천재 앵무새

알렉스와 나

한 과학자와 앵무새 한 마리의 사랑과
동물 지능이란 숨겨진 세계에 관한 이야기

이렌느 페퍼버그 지음
박산호 옮김

▲ 1977년 6월 애완동물 가게 〈노아의 방주〉
큰 새장에는 새가 여덟 마리 있었는데 모두 한 살이었다. 그중 한 마리를 테이블에 엎어놓고 날개와 발톱과 부리를 자른 후 작은 상자에 넣었다. 이 어린 회색 앵무새는 운명처럼 내 인생을 영원히 바꿔놓게 된다. 이름은 알렉스였다.

▲ 나는 알렉스에게 색인 카드 한 장을 주면서 말했다. "좋아, 알렉스. 이제 먼 길을 가야 한단다, 얘야." 알렉스는 아무 말도 하지 않고 종이에 부리를 비벼대면서 연신 신나게 찢고 있었다. 마침내 첫 연구가 시작됐다.

사진 · 윌리엄 무노즈

▲ "이중에서 어떤 숫자가 보라색이지?"

사진·윌리엄 무노즈

▲ 샌디와 함께 알렉스에게 라이벌-모델 시범을 보이고 있다.

사진·알렌 레빈 코위

▲ 수 이해를 위한 훈련. "어떤 물건이 두 개 있지?"

사진 • 알렌 레빈 코위

▲ 시범을 보여야 하는데... 훈련보다 사진작가에게 더 관심이 많은 알렉스.

사진 • 윌리엄 무노즈

▲ "어떤 색 물건이 더 작지?"라고 묻자 "분홍색"이라고 대답하고 있다.

사진·알렌 레빈 조위

▲ 빨강색, 초록색, 파랑색 나무 블록을 놓고 질문한다. "이중에서 빨강 블록은 몇 개지?"

사진·제니 페그

▲ 음소를 구별하여 발음하는 연습을 하고 있다. 언젠가 질문에 답을 해도 땅콩을 주지 않자 "너-어-트(n-u-t)"라고 또박또박 요구한 적이 있다.

사진 • 알렌 레빈 코위

▲ "초록색은 어떤 숫자지?" 알렉스가 정답을 말하자 제시(왼쪽)와 제시카가 칭찬하고 있다.

사진 • 칼라 지몬자

▲ 하라는 연습은 안하고 학생을 속여서 자신의 머리를 간질이게 하고 있다.
"아유 시원해~ 그래 거기, 바로 거기야."

▲ 똑바로 해, 이것들아~!
알렉스가 포도를 달라고 했는데 바나나를 주면 십중팔구 그 사람은 바나나에 얻어맞기 일쑤였다.

사진·윌리엄 무노즈

▲ 촬영하기 위해 포즈를 잡고 있는 알렉스. "4각형의 초록색 물건이 뭐지?" 답은 나무다.

사진·알렌 레빈 로위

▲ 속을 파낸 박스를 가지고 소리와 새로운 물건의 이름을 연습하는 알렉스.

▲ 누...누구냐 넌?

▲ 이렌느의 손에 앉은 알렉스. 카메라가 얼굴을 찍는 동안 자신의 새장을 보고 있다. 사진을 찍자마자 알렉스가 말했다. "나 다시 돌아갈래~"

▲ 10점 만점에 10점! 키아로가 훈련을 잘한 보상으로 자신이 좋아하는 상을 달라고 조르고 있다. 알렉스와 마찬가지로 그 상은 바로 "간질여줘~"

사진 • 알렌 레빈 코위

▲ 자신의 모습이 찍힌 머그잔에 코박고 있는 알렉스. 이 머그잔은 반향실(방송에서 연출 상 필요한 에코 효과를 만들어 내는 방-옮긴이)과 같은 작용을 해서 알렉스가 머그잔에 머리를 넣고 이야기를 하면 그 소리가 증폭된다.

사진 • 벤 레스너

▲ 워트와 시리얼 TR-해킹 : 어떤 상자 안에 땅콩이 들어 있을까? 땅콩을 받으려면 워트는 화살표를 "읽고" 레버를 밖으로 당기거나 올리거나 돌려야 한다. 워트는 나중 알렉스의 넘버3가 된다.

▲ 참 쉽죠잉~
알렉스는 사과에서 바나나 맛이 조금 난다고 생각했던 것 같다. 그리고 사과는 아주 커다란 체리처럼 생겼다. 그래서 바나나와 체리를 합쳐 '배너리'란 신조어를 만든 것이다.

사진 • 칼라 지몬자

▲ 휴식 시간에 훈련용 횃대에 앉아 쉬고 있는 알렉스.

사진 • 마이크 러벳

▲ "얼짱 사진"을 찍기 위해 총출동한 이렌느와 앵무새 가족들. 알렉스는 항상 이렌느 얼굴에 가장 가까이 있고 싶어 한다.

사진 • 칼라 지몬자

▲ 알렉스에게는 매일 아침 식사로 신선한 유기농 야채와 과일이 제공된다.

사진 • 알렌 레빈 조위

▲ 2006년 알렉스의 서른 번째 생일날. "맛난 빵이다!"

▲ 미안해...미안해
점심을 먹고 돌아와 보니 제안서의 가장자리 대부분이 심하게 씹혀 있었다. 나는 어쩔 수 없이 그 제안서를 처음부터 다시 타자로 쳐야 했다. 제기랄!
그러자 알렉스는 몸을 조금 움츠리더니 나를 보고 말했다. "미안해…미안해."

▲ 이렌느가 이메일을 확인하는 동안 알렉스가 의자에 앉아 동무해주고 있다.

▲ 알렉스가 그리핀의 훈련을 돕고 있다. "니가 고생이 많다~"
"선배님~~~"

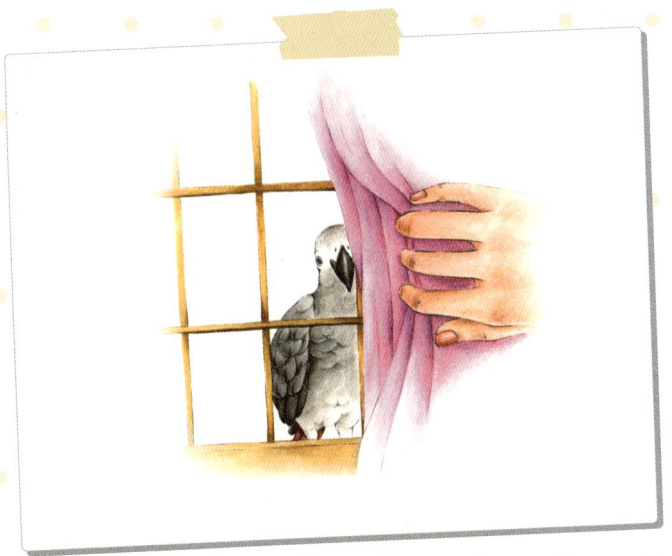

▲ 새장 앞에 처진 커튼을 한쪽으로 밀자 알렉스가 거기서 날 기다리고 있었다. 알렉스는 얼마 전 배운 말을 내게 했다. "사랑해."

사진·윌리엄 우노즈

▲ 키아로(왼쪽), 알렉스(손 위), 그리핀(어깨 위의 한 살 된 아기 새)이 이렌느와 함께 포즈를 취하고 있다.

▲ 돌아가고 싶어, 돌아가고 싶어…
병에 걸린 알렉스. 수의사들은 알렉스를 흡입기에 넣는 식으로 약을 투여했는데 간단히 말하자면 약이 기화되는 탱크에 알렉스를 넣어서 증기로 변한 그 약을 들이마시게 하는 방법이었다. 불쌍한 알렉스는 그 절차를 너무 싫어해서 계속 "돌아가고 싶어, 돌아가고 싶어."란 말만 연거푸 했다.

▲ 2007년 9월 6일. 알렉스 잠들다...
매일 밤 "착하게 있어. 사랑해"라며 마지막 인사를 속삭이던 알렉스... 나는 일어서서 문에 손을 댄 채 나직이 속삭였다. "안녕, 작은 친구."

Contents

Prologue   너무 이른 이별 23

Chapter 1   첫 만남 33
Chapter 2   알렉스의 첫 번째 과제 67
Chapter 3   유랑자가 된 알렉스와 나 88
Chapter 4   배너리가 뭐야? 109
Chapter 5   알렉스와 친구들 138
Chapter 6   하이테크 세상으로 간 알렉스 174
Chapter 7   다음 목적지 202
Chapter 8   알렉스가 나에게 가르쳐 준 것 235

Epilogue   내 삶의 근사한 순간 252

감사의 글 266
《알렉스와 나》에 대한 찬사들 267

Prologue

너무 이른 이별

500그램밖에 안 나가는 깃털뭉치가 세상에 얼마나 큰 영향을 미칠 수 있을까? 죽음이 우리를 갈라놓고 나서야 나는 그 답을 알 수 있었다. 그래서 나는 한 특별한 새의 삶에 대해 쓰기로 마음먹었지만, 이 이야기는 결말부터 시작된다.

"천재 앵무새, 마지막 죽는 순간까지 감동!"

알렉스의 죽음을 알리는 보도자료를 발표한 다음 날인 2007년 9월 11일 《뉴욕타임스》의 과학 기사 난에 대서특필된 기사 제목이다. "알렉스는 자신의 색깔과 형태를 잘 알고 있었고, 100개가 넘는 영어 단어를 배웠으며, 개성이 넘치는 독특한 농담을 구사하여 세계에서 가장 유명한 앵무새로 텔레비전 쇼와 과학 리포트, 신문 기사에 자리매김했다." 이 기사를 쓴 베네딕트 캐리는 알렉스의 삶을 그렇게 요약했다. 캐리는 내 친구이자 동료이며 돌고래와 코끼리 의사소통 전문가인 다이애나 레이스의 말도 인용했다. "한 과학자와 앵무새 한 마리가 공동으로 진행한 이 연구 작업은 새의 두뇌에 대한 기존의 우리들 사고방식을 획기적으로 바꿔 놓았습니다. 전에는 비하하는 뜻으로 사용되던 때도 있었지만, 지금 우리는 새의 두뇌를—적어도 알렉스의 두뇌만큼은—경이롭게 지켜보고 있습니다."

알렉스가 죽은 뒤 며칠간 쇄도했던 신문, 잡지, 라디오, 텔레비전 인터뷰에서 나는 몇 번이고 똑같은 질문을 받았다. 사람들은 물었다. "도대체 왜 이렇게 호들갑이죠? 알렉스는 뭐가 그렇게 특별했나요?" 그때마다 나는 이렇게 대답했다. "호두만한 크기의 뇌를 가진 새가 어린 아이들이 할 수 있는 일들을 해냈기 때문입니다. 덕분에 우리가 '새 대가리'라고 부르던 새의 두뇌에 대한 인식이 완전히 바뀌게 됐습니다. 동물의 사고에 대한 사고방식이 180도 바뀐 거죠." 내게는 너무도 자명한 것이었지만, 사람들은 이제야 이 과학적 사실을 조금씩 받아들이기 시작한 것이다. 하지만 이런 개가에도 불구하고 무너지는 내 가슴을 달랠 길은 없었다.

친구들은 알렉스가 죽은 그 주 주말 워싱턴 D.C.에서 날아와 내 옆에서 한시도 떠나지 않으면서, 줄곧 내게 먹을 것을 권했고, 잠깐이나마 쉬게 하려고 애썼다. 태연함을 가장

하며 매일 매순간 무의식적으로 움직이면서 꼭 해야 할 일들을 처리했지만, 솔직히 나는 잠을 이룰 수 없었고 비탄으로 찢어지는 마음을 가눌 수도 없었다. 공개적인 애도의 물결과 끊임없이 몰려오는 인터뷰 요청 때문에 나는 알렉스에 대한 갈채가 쏟아지고 있다는 것을 알고 있었다. 하지만 그건 마치 나 아닌 다른 누군가에게 일어나는 일처럼 느껴졌고, 내겐 이 모든 일들이 극히 비현실적인 것으로 다가왔을 뿐이다. 전화벨이 울리면 나는 곧장 '인터뷰 모드'로 전환하여 생전의 알렉스가 언론의 대대적인 관심을 받는 뭔가 뛰어난 일을 했을 때처럼 던져지는 질문들에 기계적으로(혹은 전문적으로) 응답하곤 했다. 그러나 전화를 끊자마자 나는 다음 번 전화가 오기 전까지 폐인처럼 모든 기력을 상실하기를 수도 없이 되풀이해야 했다.

알렉스의 사진이 《CNN》, 《타임》을 비롯해 전국적으로 수십 개의 언론매체에 실렸다. 공영 라디오 방송의 〈시사만평(All Things Considered)〉이란 프로그램에서는 '총기 넘치는 학생 알렉스 죽다'란 제목의 특집을 방송했다. 이 프로그램의 사회자인 멜리사 블록은 분명한 어조로 이렇게 말했다. "알렉스는 앵무새가 단순히 단어를 흉내만 낸다는 통념을 깨뜨렸습니다."

《ABC》방송국의 〈굿모닝 아메리카〉에서 다이안 소여는 알렉스에 대한 방송을 2분 30초 동안 진행했는데 아침 프로그램의 분량치고는 긴 분량이라고 했다. 다이안은 이렇게 방송을 시작했다. "이제 가족의 죽음을 알리는 부고를 하나 전하겠습니다. 그렇습니다, 우리 모두가 그 부고를 받을 가족입니다." 그녀는 알렉스가 천재 새로서 동물의 능력에 대해 새로운 시야를 열어줬다고 말했다. 그리고 알렉스가 물체의 색과 모양과 숫자와 같은 질문에 대답하는 모습을 담은 비디오를 틀었다. 그 비디오는 곧장 유튜브(무료 동영상 공유 사이트-옮긴이)에 올라왔다. 다이안 소여의 이 프로그램이 방송되기 전날, 《CBS》 앵커우먼 케이티 커리는 주요 정치 기사보다도 더 많은 시간을 알렉스의 삶과 죽음을 소개하는 데 할애했었다.

이틀 후 저명한 영국 신문인 《가디언》에는 이런 기사가 실렸다. "미국은 현재 상중입니다. 일반적인 미국 대통령들보다 훨씬 더 똑똑했던 아프리카 회색 앵무새인 알렉스가 비교적 젊은 나이인 서른 한 살의 생을 마감했습니다." 알렉스의 죽음에 관한 소식은 순식간에 전 세계로 퍼져나갔고, 거기엔 당연히 오스트레일리아도 포함되었다. 오스트레일리아 라디오 방송국의 〈사이언스 쇼〉 진행자인 로빈 윌리엄스는 나를 두 번째로 인터뷰했다. 첫 번째 인터뷰는 5년 전의 일로 알렉스가 미래에 또 어떤 재주를 터득할 수 있을 것인지에 대한 주제로 대화를 나눈 적이 있었다. 하지만 이제 더 이상 그 미래란 것은 존재하지 않는다.

같은 날 《뉴욕타임스》에는 알렉스 기사와 함께 이라크 주둔 미군 사령관이자 다국적군 총사령관인 데이비드 퍼트레어스가 이라크 문제로 워싱턴 D. C.에서 증언하는 기사가 나란히 실렸는데, 그날 이메일로 가장 많이 전송된 기사는 알렉스 기사였다는 말을 들었다. 9월 12일에 《뉴욕타임스》의 사설 난에 실린 알렉스에 관한 두 번째 기사는 베릴린 클린켄버그가 쓴 '앵무새 알렉스'라는 간단한 제목의 글이었다. 이 기사는 다른 대부분의 기사보다는 조금 더 철학적이었다. "동물들에 대해, 특히 동물들이 생각할 수 있는지에 대해 생각한다는 것은 세상을 양면 거울로 들여다보는 것과 같다"라는 문장으로 사설은 시작된다. "이 상황에서는 거울의 맞은편에 알렉스가 있다. …… 하지만 문제는 놀랄 만큼 많은 단어와 개념을 이해하고 숙지한 알렉스를 보면서 우리가 알렉스에 비친 우리의 모습을 얼마나 많이 보느냐 하는 바로 이 점이다." 사설은 다음과 같이 끝을 맺는다. "이 연구의 가치는 우리 주위에 있는 동물들을 우리가 얼마나 하찮게 여겨왔는지 새삼 깨닫게 했다는 데 있다." 통찰력이 넘치는, 고맙기 그지없는 조사가 아닐 수 없었다.

심지어는 밤늦게 진행하는 토크쇼에서조차 알렉스의 죽음이 거론되었다.(우리 집엔 제대로 나오는 텔레비전이 없어서 친구가 보고 전해준 소식이었다.) 진행자인 제이 르노는 이렇게 말했다고 한다. "슬픈 소식이네요. 하버드 대학에서 앵무새의 소통 방식을 연구하는 대상이었던 알렉스라는 서른 한 살 된 앵무새가 죽었다고 합니다. 알렉스는 죽기 전에 이런 말도 했답니다. '그래, 거기 크래커 하나 줘봐!' 이 앵무새는 아주 똑똑했습니다. 무려 100개가 넘는 단어를 알고 있었답니다. 알렉스의 지능은 개와 사우스캐롤라이나 10대 청소년 얼짱의 중간 정도였다고 하네요. 애석하기도 하지."

이제 모든 대형 신문들이 알렉스의 죽음을 다루면서 단순한 애도를 넘어 이 새의 탁월한 인지 능력과, 알렉스와 내가 한 팀으로 일궈낸 연구 성과에도 주목하기 시작했다. 《뉴욕타임스》에는 '알렉스는 크래커가 먹고 싶다고 했지만 그 새가 원했던 게 그것이었을까?' 란 제목의 알렉스에 대한 세 번째 기사가 실렸다. 미국에서 《뉴욕타임스》는 정치건 예술이건 과학이건 대중적인 인지도 면에서 하나의 시금석과 같은 매체이다. 그런데 그런 신문에서 한 주 만에 한 마리 새에 관한 기사를 3번이나 다룬 기록적인 일이 일어난 것이다. 수석 과학 전문 기자인 조지 존슨은 우리가 해온 연구를 멋지게 묘사하는 데서 그치지 않고, 기사의 제목이 암시하는 것처럼 알렉스의 말에 담긴 의도가 무엇이었을까를 묻는 단계로 한 걸음 더 나아가는 진전을 보여준 것이다.

영국의 유서 깊은 과학 잡지인 《네이처》까지 '유명한 앵무새에게 작별을 고하며' 라는 제목의 기사를 실었다. "페퍼버그 박사는 알렉스의 언어와 수학과 인지 능력에 대한 논문을 수십 편 발표했다." 기사를 쓴 데이비드 챈들러는 알렉스와 내가 무엇을 하려고 했는지에 대해 주의를 환기시키려 했다. "이 환상적인 한 쌍은 다양한 텔레비전 프로그램과 유명 언론 기사에 등장했다. 그 과정에서 이들은 동물의 지적 능력에 대한 사람들의 이해를 바꾸어놓았다."(이와 관련해서는 달콤 씁쓸한 추억이 하나 있다. 30년 전 알렉스와 연구를 시작했을 때 이 잡지에 내가 투고했던 논문은 검토도 되지 않은 채 즉석에서 퇴짜를 맞았다. 뿐만 아니라 좀 더 최근에 제출한 논문 역시 같은 대접을 받았다.)

정말이지 알렉스의 죽음에 대한 대중적인 추모의 열기와 언론의 반응은 예측을 뛰어넘는 것이었다. 그런데 그 열띤 분위기에도 불구하고, 정작 나는 그 자리에 존재하지 않았다. 알렉스 관련 기사들이 끊임없이 신문 지면을 도배하고 있는 순간에도(친구들이 부지런히 그 기사들을 보내주고 있었는데), 나는 계속 그 기사들과 거기에 담긴 메시지들을 흘려버리고 있었던 것이다. (어쩌면 의식적으로) 매일같이 당면한 문제들을 해결하며 하루하루 힘겹게 살아내면서 나는 애써 그것들로부터 달아나려고 했었다. 오랫동안 알렉스의 업적이 세상에 널리 인정받고 알려지길 바라다가 마침내 그 꿈이 현실로 이뤄졌는데도…….

알렉스가 내 곁을 떠난 지 한 주가 넘었을 무렵, 한 친구에게서 전화가 왔다. "이렌느, 깜짝 놀랄 일이 벌어졌어. 알렉스가 이코노미스트에도 나왔어!" 친구의 설명이 아니더라도 《이코노미스트》는 정치, 경제, 비즈니스 면에서 세계에서 몇 손가락 안에 꼽히는 주간지라는 것쯤은 나도 알고 있었다. 매주 이 잡지는 세계적으로 걸출한 인물의 죽음에 대해 한 페이지 분량의 부고 기사를 싣는다. 그런데 9월 20일자 잡지에 알렉스의 죽음이 그 유명한 부고 면에 실린 것이다.(알렉스의 기사가 나기 전 루치아노 파바로티[이탈리아의 성악가-옮긴이], 잉그마르 베르히만[스웨덴의 영화감독-옮긴이], 버드 존슨[린든 존슨 전 대통령의 부인-옮긴이] 같은 인물들의 부고 기사가 실린 바 있다.)

그래, 그렇군······. 불과 며칠 전만 같았어도 그랬을 것이다. 그러나, 여전한 혼미 속에서도 같은 기사의 다음 한 구절은 나의 마음을 흔들어놓고 말았다. "알렉스의 죽음은 오로지 영장류만 할 수 있다고 생각됐던 복잡한 과제들을 배우는 삶이 끝났다는 것을 의미한다. 공부가 막바지에 이르렀을 때 알렉스의 지능은 다섯 살 먹은 아이 정도의 지능이었고, 애석하게도 그 잠재력을 다 발휘하지 못한 상태였다."

그렇다. 알렉스는 놀라운 업적을 남겼지만, 애석하게도 잠재력을 다 발휘하지 못하고 죽은 것이다. 이 얼마나 비극적인 진실이란 말인가. 나는 마침내 통곡하기 시작했다. 텅

빈 새장. 500그램밖에 안 나가는 가녀린 동료였지만 삼십 년을 같이 한 동반자가 사라지면서 내 마음과 영혼은 감히 예상도, 상상도 할 수 없는 상실감과 비탄과 허망함으로 갈기갈기 찢겼다. 그 오랜 세월 단단한 댐으로 막아놓았던 알렉스에 대한 사랑과 애정이 거대한 급류가 되어 한꺼번에 터져 나왔다. 자유롭게 풀려난 감정이 마침내 모든 이성의 만류를 무시하고 노도처럼 밀어닥친 것이다. 내 평생 그토록 끔찍한 고통은 처음이었을 뿐더러 그렇게 길게 목 놓아 울어본 적도 처음이었다. 두 번 다시 그런 일이 없기를 간절히 빌어야 할 만큼.

울음이 멎으면 다음으로는 안간힘을 쓰면서 미루어두었던 질문들이 나의 머릿속을 사정없이 두드려대기 시작했다. 이제 실험실은 어떻게 되는 걸까? 또 연구는 어떻게 되는 거지? 알렉스와 내가 함께 이뤄낸 모든 것은 또 어떻게 되는 걸까? 이제 난 어떻게 될까? 알렉스 없이도 난 다시 행복할 수 있을까? 나는 영화에서나 볼 수 있는, 놀라운 속도로 빙글빙글 돌아가는 그런 거센 질문들의 구름에 휩싸였다. 그리고 갑자기 출현한 그 구름들은 단지 머릿속에서만 머문 게 아니라 현실의 내게로 달려들어 그때까지 잘 지켜왔다고 생각했던 이성과 감정의 경계를 허물어버렸다.

돌아보면 지난 30년이란 세월 동안 나는 감정의 파고를 꼭꼭 눌러 왔다. 마치 제3자인 '감정 통제관'이란 외부인을 고용해서 연구를 진행해 온 것처럼. 그렇게 내 감정을 통제한 장본인은 물론 바로 나였다. 처음부터 나는 그렇게 마음을 다지며 계획을 세웠고, 실천했다. 감정적으로 거리를 두자는 계획을 빈틈없이 실천하다 보니 알렉스와 나 사이의 저변에 깊게 흐르던 마음의 정은 과학적 객관성이라는 험준한 산속에 갇혀 나조차 의식하지 못하고 있었던 것이다. 나는 항상 알렉스를 좋아했고, 동료애와 같은 애정을 가지고 이 앵무새를 대하며 존중했다. 하지만 언제나 나는 객관적으로 과학적인 사실을 보고하기 위해 나의 감정과 일정하게 거리를 둬야 했다.

그것은 어쩌면 톨킨(반지의 제왕을 쓴 작가인 J. R. R. 톨킨-옮긴이)의 소설에 나오는 마법의 주문과도 같은 것이었는지 모른다. 아니면 어떤 다짐과도 같은……. 그렇다. 알렉스와 내가 30년간 걸어온 여행에는 톨킨의 모험처럼, 역경과 처음에 거둔 성공들, 수없는 좌절과 퇴보, 기대 이상의 종종 경악할 정도로 비범한 성취 같은 요소들이 있었다. 그리고 여기…… 너무 이른 마지막 작별이 있다.

나의 작은 동반자는 '무지개다리'를 건너갔다. 알렉스의 죽음은 지난 30년 동안 스스로를 가두어놓았던 주문으로부터 나 자신을 깨어나게 했다. 이제 내 일생의 운명과 사랑에 대해 이야기할 차례다.

| chapter 1 |
첫 만남

새와 나의 인연은 아주 먼 옛날로 거슬러 올라간다. 4번째 생일을 맞은 지 얼마 후에 아빠가 내게 아기 잉꼬 한 마리를 깜짝 선물로 주셨다. 그 잉꼬는 초록색 깃털이 달린 조그만 몸에 앙증맞은 작은 머리를 불안하게 이쪽저쪽으로 움직이고 있었다. 나는 그 불쌍한 어린 것이 불안에 덜덜 떨면서 횃대에서 이쪽저쪽 정신없이 왔다 갔다 하면서 자신 없이 짹짹거리는 소리를 들었다. 짹, 짹, 짹. 그러다 잉꼬는 고개를 한쪽으로 꼬고 나를 바라보더니 다시 반대쪽으로 꼬고 또 나를 꼬나보다가 이번에는 좀 더 기운차게 짹짹 울었다. 짹, 짹, 짹! 나는 꼼짝도 할 수 없었다. "안녕, 새야." 나도 네 살 박이답게 머뭇거리며 혀 짧은 소리로 말했다. 내가 새장 문을 열고 집게손가락을 내밀자 잉꼬가 그 위에 올라섰다. 나는 눈을 마주볼 수 있도록 잉꼬를 들어 올리고 말했다. "안녕, 작은 새야. 넌 누구야? 이름이 뭐야?"

"코키라고 부르자." 아빠가 말했다. 왜 그런지 이유는 알 수 없었지만 아빠의 어릴 때 별명이 코키였다고 한다. "싫어." 내가 말했다. "얘는 내 거야. 내가 이름을……." 내가 그 다음에 뭐라고 했는지 기억하려고 안간힘을 썼지만 그날 그렇게 선뜻 떠오르던 이름이 지금은 아무리 생각해도 잡히지 않는다. 그 작은 초록색 깃털 뭉치가 내 유년기에 그렇게 소중한 존재가 됐는데도 왜 그런지 이름은 한사코 기억나질 않는다. 그래도 이야기를 이어가야 하니 그냥 그 잉꼬는 무명씨라고 부르겠다. 무명씨라고 부르는 것이 전혀 터무니없는 것도 아닌 게 사실 어렸을 때 난 내 자신이 늘 무명씨처럼 느껴졌다. 나는 외동이었고, 내가 살던 브룩클린 동네에는 나말고 다른 아이는 하나도 없었다. 부모님 친구들은 상당히 먼 곳에 살았고, 그 친구들의 아이들은 모두 나보다 나이가 꽤 많았다. 그리고 나보다 생일이 6개월 늦어서 친구가 될 법도 했던 사촌 알렌은 퀸즈에 살아서 놀러가기엔 다소 무리였다. 기껏해야 가끔 방문하는 게 다였으니까. 그러니 근본적으로 나는 외톨이였다.

엄마는 이른바 '냉장고 부모'라고 할 만한 사람이었다. 냉정하고 쌀쌀맞기 그지없었고, 한 번도 날 자연스럽게 안아주거나 사랑한다고 속삭여주지도 않았고, 같이 놀아주는 법도 없었으며, 책도 읽어주지 않았다. 아빠는 낮에는 초등학교 교사로 일하고, 저녁에는 제대군인 원호법 덕에 대학원에서 석사 학위를 따면서 아픈 할머니를 돌봐야 해서 잘해야 아침에 한 번 보는 게 고작이었다. 무명씨가 내 삶에 나타나기 전까지 나는 그야말로 하루 내내 고독을 씹으며 혼자 놀아야 했다. 하지만 이제 그 상황이 바뀐 것이다. 더 이상 나 혼자가 아니다. 이제는 무명씨와 나, 둘이었다. 나는 감동했다. 마침내 같이 이야기할 친구, 나만 바라봐줄 것처럼 보이는 대상이 나타난 것이다.

내가 살고 있던 브룩클린 집은 이스턴 파크웨이에서 그리 멀지 않은 유티카 애비뉴에 있었다. 이곳은 아주 도회적인 동네였다. 우리는 아버지가 할아버지에게서 물려받은, 20세기 초반에 지은 2층짜리 붉은 벽돌 아파트의 2층에서 살았다. 2층 아파트로 가는 계단은 어린 내 눈에 가파른데다 한없이 길어보였다. 1층은 가게였는데 세를 받을 수만 있다면 업종을 불문하고 닥치는 대로 세를 내놨다. 아파트 뒤쪽에 있는 작은 뒤채에는 해롤드 삼촌이 살았다. 하지만 삼촌을 보는 일은 드물었다. 우리 아파트는 거리가 보이는 침실 두 개가 앞으로 난 상당히 큰 아파트였다. 침실 하나는 부모님 침실이었고, 다른 하나는 손님용 침실이었지만 내가 아는 한 그 방에서 묵은 손님은 하나도 없었다. 중앙에 있는 거실은 아빠가 가장 아끼는 물건인 빅터 축음기가 떡하니 자리를 차지하고 있었다. 그 축음기는 괴상하게 생긴 기계로 반들거리는 목재로 만든 몸통과 스피커와 놋쇠로 만든 손잡이가 달려 있었다. 나는 그 축음기에 스트라우스 왈츠 판을 틀어놓고 혼자서 빙빙 돌다가 휙 몸을 트는 춤을 추며 시간을 보냈다. 그 어린 나이에 어떻게 그런 놀이를 하게 됐는지, 춤을 추면서 도대체 무슨 생각을 했는지는 기억이 나질 않는다. 하지만 춤을 추면서 아주 자유롭고 기뻤던 건 기억난다.

내 방은 마당이 내다보이는 뒤쪽에 있었다. 나는 내 방에 바른 서커스 벽지가 특히 좋았다. 그 벽지에는 코끼리들, 텐트들과 광대들이 그려져 있었다. 뒤쪽에는 아빠 작업실도 있었다. 거기서 아빠는 얼마 안 되는 시간이지만 짬을 내서 점토를 가지고 주로 사람의 두상을 만들었다. 아빠의 손이 스치고 지나가면 생명이 없는 진흙에서 마법처럼 코와 입술과 귀가 나오는 것을 지켜보는 것이 좋았다. 작업실에서 문을 열고 나가면 회반죽을 하얗게 바른 콘크리트 벽을 두른 널찍하고 탁 트인 포치가 나왔다. 여름이면 거기에 공기로 부풀린 유아용 풀장을 놓고 그 안에서 나 혼자 놀았다. 포치 주변에는 상자와 화분에 심은 꽃들이 다채로운 색깔로 흐드러지게 피어 있었다. 아빠는 조각을 할 때처럼 혼자서 몇 시간씩 화초를 가꾸는 데 몰두했다. 나중 아파트에서 단독주택으로 이사 갔을 때 아빠는 이 취미를 한층 더 발전시켜서 겨울이면 지하실에서 아프리카 제비꽃을 키웠고, 여름이면 멋지고 근사하게 정원을 가꿨다.

나는 아침에는 주로 어린이 프로그램을 보면서 시간을 보냈다. 그러다 아버지에게서 물려받은 소질을 키워 그림을 그렸다. 그것도 아니면 이모가 준 색칠공부 책을 가지고 놀았다. 엄마와 아빠는 그런 데 돈 쓰는 것을 허락하지 않았다. 어쩌면 그럴 여유가 없었는지도 모른다. 대신 아빠는 종이에 동그라미와 다른 모양들을 그려서 부활절 달걀처럼 내가 그 안을 채우며 놀도록 해줬다. 나는 한 번도 장난감을 받은 적이 없다. 부모님이 어렸을 때 한 번도 장난감이란 걸 가지고 놀아본 적이 없어서 그런 걸 사줘야 된다는 생각도 하지 못했기 때문이다. 아빠와 엄마는 두 분 다 미국에서 태어난 이민 1세대였다. 외가는 루마니아 출신이고, 친가는 리투아니아에서 와서 부모님 두 분 다 아주 어려운 어린 시절을 보냈다. 어쨌든 장난감이 없어도 난 별로 개의치 않았다. 냄비와 프라이팬을 가지고 놀거나 커피포트를 분해했다 다시 맞추는 게 즐겁기만 했다. 하지만 그중에서도 내가 제일 좋아한 건 단추였다. 엄마에게는 단추를 넣어두는 큰 서랍이 있었다. 외할아버지가 예전에 옷 장사를 하셔서 온갖 종류의 단추가 끝도 없이 들어왔다. 나는 그 단추들을 크기와 모양과 색깔 같은 범주로 나누고 어떤 건 또 나름의 새로운 범주를 만들어 구분하면서 몇 시간씩 놀았다. 가끔은 커피 탁자에 단추를 늘어놓고 꼼꼼하게 구분해 모양별로 가려내면서 놀기도 했다. 또 어쩔 때는 방바닥에 엎드려서 단추를 눈에 바짝 들이대어 만화경처럼 모양이 변하면서 저절로 움직이는 것처럼 보이는 그 모습을 바라봤다. 물론 방을 '어지럽히지' 않은 채 이 게임을 해야 했다. 엄마는 방을 어질러선 안 된다고 끊임없이 나무라셨다.

무명씨가 내 삶에 들어온 바로 그 순간 그 새는 내 일상의 일부가 됐다. 무명씨는 내가 텔레비전을 보거나 색칠을 하는 동안 내 어깨에 앉아서 쉴 새 없이 짹짹거렸다. 하지만 나처럼 무명씨가 가장 좋아하는 건 단추가 든 서랍이었다. 내가 단추를 구분하는 놀이를 할 때면 무명씨는 단추를 쌓아놓은 무더기들 사이를 깡충거리고 다니면서 단추를 이쪽저쪽으로 밀어놓았다. 내가 단추를 단정하게 정리해 놓으려고 하면 에너지가 넘치는 무명씨가 방해하는 것이 새로운 게임이 됐다. 우리가 또 좋아한 것은 타자기 게임이었다. 아빠의 작업실에는 타자기가 한 대 있었다. 그 타자기의 캐리지(용지를 감는 부분—옮긴이)는 손으로 조작하는 것으로 새로 한 줄을 치려면 레버를 한쪽으로 쓱 밀어야 했는데 그러면 해머가 울리면서 경쾌하게 띵 소리가 났다. 무명씨가 오기 전에는 몇 시간씩 키보드를 두드리면서 줄이 바뀔 때마다 캐리지를 밀어서 띵띵 소리가 나는 걸 들었다. 무명씨가 들어와서 게임은 더 재미있어졌다. 무명씨는 내가 타자를 치는 동안 캐리지 위에 앉아 내가 한 타 한 타 칠 때마다 불안하게 몸을 움직였다. 그러다 내가 줄을 바꿔서 캐리지를 밀 때 띵 소리가 나면 아주 좋아하는 것 같았다. 무명씨는 그 소리가 날 때마다 즐겁게 짹짹거리면서 통통 뛰곤 했다.

무명씨는 말을 배운 적이 없었고 한 번도 내게 말한 적도 없다. 나는 상관없었다. 나는 그에게 모든 것에 대해 끊임없이 조잘거렸고 그러는 나를 무명씨는 골똘히 쳐다보다가 열성적으로 짹짹거리며 대답해 주곤 했다. 친구를 갈구하고, 사랑에 목말라하던 4살 반 먹은 여자아이에게 무명씨는 아주 많은 것을 줬다. 《동물의 꿈》이란 책의 저자인 바바라 킹솔버는 애정에 굶주린 아이들은 마법에 의지하는 법이라고 썼다. 그때 나는 작은 초록색 깃털뭉치인 무명씨에게서 느꼈던 친밀감과 사랑보다 더 큰 마법이 내 삶에 찾아온다는 건 상상할 수도 없었다.

엄마는 자신의 삶에 대해 항상 불만에 차 있었는데 그럴 만한 이유가 있었다. 엄마가 결혼했을 때는 공영 주택단지 조합의 경리란 제대로 된 직업을 가지고 있었다. 엄마는 그 일을 아주 좋아했고 더 크게 출세할 수 있을 거라고 기대하고 있었다. 그러다 나를 임신하면서 그걸로 엄마의 커리어는 종지부를 찍게 됐다. 그때는 1948년으로 아이가 있는 여자는 일을 하지 않았다. 엄마는 어쩔 수 없이 직장을 그만둬야 했고, 보람찬 미래에 대한 희망 역시 사라져버렸다. 엄마의 분노와 허탈감은 너무 컸다. 그래서 엄마의 인생을 망친 장본인이 바로 나라는 것을, 평생 지겨운 살림만 하면서 살아야 하는 게 바로 나 때문이라는 것을 기회가 있을 때마다 내게 분명하게 일깨워줬다. 엄마는 강박적으로 빨래를 하고, 그렇게 빤 옷을 다리고, 청소를 하고, 요리를 하고(엄마는 먹는 것도 싫어했지만), 다시 또 처음부터 청소를 하면서 하루를 보냈다. 엄마는 자주 동네 가게에 갔고 대개 나도 엄마를 따라갔다.

무명씨가 내 인생에 들어오기 얼마 전 우리는 갓 구운 빵을 사러 동네 제과점에 갔다. 보통은 그냥 가게에서 일괄적으로 파는 빵을 사먹기 때문에 제과점에서 파는 빵은 진미인 셈이었다.(이 사건이 그때 내게는 아주 아프고 당혹스러웠기 때문에 지금도 생생하게 기억하고 있다. 그리고 당시 내 삶을 단적으로 보여주는 사건이기도 했다.) 제과점의 카운터를 보던 아줌마는 나를 보자 활짝 웃으면서 쿠키를 하나 집어 줬다. "자, 이 쿠키 한 번 먹어볼까, 꼬마 아가씨?" 아줌마가 내게 말했다. 난 그때 극도로 낯을 가렸다. 그때는 사람들과, 특히 낯선 사람들과 왕래가 없어서 4살짜리 치고도 대인 관계가 아주 서툴렀던 것이다. 나는 고개를 숙이고 바닥만 뚫어져라 쳐다보면서 그 바닥이 날 삼켜 이 어색한 상황을 피할 수 있기를 바라면서 손을 내밀어 쿠키를 받았다. 말은 한 마디도 하지 않았다. 그 여자는 눈치도 없고 무뚝뚝한 내 처신에 경악했던 모양이었다. 그녀가 말했다. "이럴 땐 뭐라고 해야 하지, 꼬마 아가씨?" 엄마가 이런 상황에서(다른 상황도 마찬가지였지만) 어떻게 말해야 하는지 가르쳐 주지 않았기 때문에 난 그 아줌마가 무슨 말을 기대하는지 전혀 몰랐다. '고맙습니다' '감사합니다', 이런 말은 한 번도 배우지 못했던 것이다. 엄마는 가르치지 않아도 내가 저절로 배울 거라고 생각했던 모양이었다. 그래서 난 고통스러울 정도로 수줍어하면서 여전히 머리를 숙인 채 묵묵히 서 있었다. "흠, 그렇다면 그 쿠키를 다시 돌려줘야 할 것 같은데." 아줌마는 분명 나를 놀리느라고 그렇게 말했을 것이다. 그러나 눈치코치 없었던 나는 쿠키를 그녀에게 돌려주면서 울지 않으려고 무진 애를 썼다.

　엄마는 우리의 대화를 지켜보면서 경악했다. 엄마는 자신이 '매우 예의바른' 사람이라고 생각하고 있었다. 그래서 당혹스러워 내 서툰 행동과 수줍어하는 성격에 대해 횡설수설 변명을 늘어놓고는 나를 밀고 곧장 거리로 나와 버렸다. 그리고 집에 가는 길 내내 제과점 아줌마 앞에서 창피를 줬다고 나를 호되게 야단쳤다. 나는 도대체 엄마가 무슨 이야기를 하는 건지 알아들을 수가 없었다. 내가 아는 거라곤 어떻게 한 건지는 모르지만 내가 잘못 처신했고, 엄마에게 망신을 줬다는 것뿐이었다.

　이렇게 제대로 가정교육도 받지 못하고, 대인관계도 서툰 외로운 아이를 다섯 살에 동네 학교에 처넣는다고 생각해보라. 게다가 아이가 들어간 반이 그 아이 빼고 전원 흑인이라면. 그야말로 재앙이지 않겠는가. 아이들은 끊임없이 나를 놀려댔다. 난 머리도 웃기게 생겼고, 피부 색깔도 이상하다고 놀림을 받았다. 고요한 아파트에서 혼자 놀다가 갑자기 서른 명 정도의 아이들이 작은 교실에 몰려서 바글거리는 환경으로 바뀐 것도 고통스러운데, 거기다 놀림까지 당하는 건 참을 수 없는 고문이었다. 아이들은 어디까지나 아이들이다. 아이들이 의도적으로 날 못살게 군 건 아니다. 그러나 고통스러운 건 같았다. 이내 나는 자주 앓아누우면서 온갖 증상을 보여 결석을 하게 됐는데 뭔가에 고통스러워하고 있다는 건 분명했다. 소아과에서 아무 이상이 없다는 진단이 나오자 아버지는 나를 소아 심리학자에게 데려갔다. 의사는 학교가 내게 악영향을 미치고 있으니 당장 전학시키라고 충고했.

　반년 만에 우리는 브룩클린에서 이모와 이모부와 사촌 알렌이 살고 있는 집에서 그리 멀지 않은 퀸즈의 로렐튼에 있는 멘톤 애비뉴로 이사 왔다. 이모 집은 메릭 로드 북쪽에 있었고, 우리 집은 남쪽에 있었다. 우리 동네가 훨씬 너절한 곳으로 여기 집들은 롱 아일랜드 철도에 가까이 있었다. 우리 동네는 단순한 사각형 집들이 작은 진입로로 분리돼 늘어서 있었고 뒷마당이 꽤 넓었다. 이 집들은 모두 전쟁이 끝난 후 돌아온 군인들이 살도록 지은 것이다. 그래서 모두 똑같이 특징도 없고 평범했지만 전에 살던 브루클린 동네와 비교해 나무가 많아 쾌적했다. 우리 집 뒷마당에는 큰 뽕나무가 한 그루 있어서 여름에는 새들이 몰려들었다. 새에 대한 애정이 새롭게 싹튼 나는 그 새들을 보며 기뻐했다. 아빠는 새 모이통을 만들어서 사시사철 새 구경을 할 수 있게 했다. 뒷마당은 철도 선로를 마주보고 있어서 매번 기차가 지나갈 때마다 집이 조금씩 흔들렸다. 나는 원래 그런 곳에서 살았던 것처럼 그 소음과 진동이 편안하게 느껴졌다. 하지만 알렌은 나와는 반대로 우리 집에 놀러올 때마다 기차가 굴러서 마당으로 들어와 우리를 모두 치여 죽일까봐 항상 무서워했다. 아빠는 이곳으로 이사 온 걸 정말 좋아했다. 이제 맘껏 화초를 키울 수 있었기 때문이다. 아빠는 수도 없이 많은 꽃을 심었다. 정원은 아빠의 기쁨이자 사랑이었다. 하지만 엄마는 바뀐 것이 별로 없었다. 신세한탄을 하는 환경이 바뀐 것뿐이었다. 엄마와 아빠의 싸움은 점점 더 잦아졌고 그럴 때마다 나는 아빠와 엄마가 내뱉는 험한 말을 듣지 않으려고 다락으로 피했다. 나는 거기서 책도 읽고 그림도 그렸다.

  부모님은 그렇게 맺힌 것을 풀어내고 계셨겠지만 어린아이였던 나는 그런 건 몰랐다. 내가 느낀 건 그 싸움이 내게 미친 여파뿐이었다. 엄마가 16살이었을 때 외할머니가 돌아가시면서, 밥을 짓고 살림을 하면서 세 자매와 아빠를 챙겨야 하는 짐이 엄마에게 떨어졌다. 외할아버지는 엄마가 두 달 남은 고등학교 생활을 마치고 졸업하는 건 허락해주셨다. 그 이후로 어린 소녀가 감당하기엔 너무 큰 짐을 엄마는 져야 했다. 어른이 됐을 때 엄마는 다시 누군가를 돌보기보다는 누군가의 사랑과 보살핌을 받고 싶었을 것이다. 그리고 새로운 것은 뭐든지 두려워했으며, 아빠가 운전하는 차가 길을 잃을까봐 신경을 곤두세우는가 하면 그렇다고 엄마 자신이 운전하는 것도 꺼려했다. 이유는 대공황 시대에 유년기를 보내고 미래가 불확실한 생활을 하다가 장성해서 결혼했는데 그 후로는 남편이 전쟁에 나가 몇 달씩 소식도 없이 살다보니 그렇게 됐을 것이다.

엄마는 미인이었고, 사진도 잘 받는데다가 외출할 때는 항상 우아하게 입고 다니면서 그녀의 인생에 결코 찾아오지 않을 덧없는 꿈을 꾸고 있었다. 아빠의 불같은 성격과 뭐든 다 좌지우지해야 직성이 풀리는 기질은 전쟁 때 받은 정신적 충격 때문이라는 것을 나는 나중에서야 이해하게 됐다. 아빠는 가끔 내게 전쟁에 대해 이야기했지만 그것도 아주 애매하게 말했고 대개는 가볍게 지나가는 식으로 슬쩍 피해가려 했다. 내가 좀 더 자세한 내막을 캐려고 하면 아빠는 화제를 바꾸거나 당시 인기리에 방영됐던 텔레비전 드라마인 〈매시(M*A*S*H)〉에 나오는 지휘관처럼 자신이 있던 부대의 지휘

관들도 무능했다는 식으로 농담처럼 얼버무리고 넘어갔다. 아빠는 분명 전쟁의 참상에 대해 이야기하고 싶지 않았던 것이리라. 최근에야 나는 아빠가 발지 전투(히틀러의 최후의 도박이라 일컬어지는 전투로 격전이었음—옮긴이)에 참전해서 끔찍했던 대학살을 목격하고, 수 주 동안 굶주림에 시달리다 결국 육체적, 정신적으로 큰 부상을 입었다는 것을 알게 됐다.

부모님은 두 분 다 침묵 속에서 과거를 극복하려고 사력을 다하고 있었던 것이다. 친구를 애타게 찾던 나는 퀸즈에서 더 행복한 나날을 보내게 됐다. 무명씨가 죽은 후에도 나는 계속 잉꼬를 키우게 됐는데 그 새들의 이름은 모두 기억난다. 초록이도 있었고, 파랑이도 있었고, 찰리 새도 몇 마리 있었고, 그 밖에도 여러 마리가 있었다. 10센트 잡화점에서 파는 새들이라 모두 수명이 길지는 않았다. 이 새들에게 어떤 모이를 먹여야 하는지 아는 사람도 없었고, 10센트를 주고 구입한 새를 병이 났다고 몇 달러씩 주고 수의사에게 보일 생각은 아무도 하지 않았기 때문이다. 찰리 새 1호가 처음으로 말문을 뗀 새였는데 아주 수다쟁이였다. 그 새도 기억하고, 다른 새들의 이름도 다 기억나는데 무명씨만 아직도 기억이 안 나니 귀신이 곡할 일이다. '인간' 친구로 말하자면 상황은 아주 천천히 나아졌다. 나는 보기만 해도 한심한 공부벌레였고, 한때는 코카콜라병 유리처럼 두꺼운데다 보기만 해도 눈이 빙빙 돌아가는 렌즈에 파란 테를 두른 안경을 쓰고 다녔다. 그 사실을 난 지금도 기탄없이 인정하는 바이고, 그걸 증명할 사진도 있다. 설상가상으로 2년을 월반해서 나보다 훨씬 나이가 많은 동급생들에 둘러싸여 변함없이 대인관계는 한없이 서툰 아이였다.

퀸즈에서 치른 내 첫 번째 생일 파티에 온 손님은 단 두 명으로 하나는 사촌 알렌이고 다른 한 명은 우리가 이사 온 초라한 집에 실내장식이라고 하기에도 민망한 페인트칠을 해준 아저씨였다. 내 생각에 동네 사람들이 처음에는 누가 저렇게 다 쓰러져 가는 집을 샀을까 하는 생각에 우리를 피했던 것 같다. 하지만 나는 얼마 가지 않아 친구들을 사귀기 시작했다. 그래서 자라면서 '내가 타고난 외톨이거나 사회적 부적응자가 아닐까' 라고 생각했던 것은 사실이 아니란 걸 알게 됐다. 그렇다고 내가 사교계의 반짝이는 샛별이 됐다는 소리는 절대 아니다.

여름에 동네 아이들이 대부분 캠프에 간 반면 나는 집에서 지내면서 자전거를 타고 동네를 돌아다니고, 아빠처럼 끊임없이 책을 읽어댔다.(사촌 알렌이 최근에 한 말인데 우리는 그녀가 놀러왔을 때 저녁 먹는 식탁에서도 책을 읽었다고 한다.) 그러다 마침내 《닥터 두리틀》이란 책을 읽게 됐을 때 그 이야기에 홀딱 빠지게 된 것은 당연한 일이었다. 현실의 나는 찰리 새 1호와 끊임없이 이야기를 주고받으며 살고 있었다. 그런데 책 속의 주인공 두리틀 박사 역시 동물들과 대화하는 법을 익혀서 동물들이 무슨 말을 하는지 이해하는 것이 아닌가. 두리틀 박사는 처음 폴리네시아라는 이름의 아프리카 회색 앵무새에게 동물들과 대화하는 법을 배웠다. 나는 그 소설에 대한 생각에 곧잘 잠겨서 동물들과 말을 하고 동물들의 생각을 이해할 수 있다면 얼마나 좋을까 공상하곤 했다.

고등학교 다닐 때는 도리스 와이너라고 친한 친구가 한 명 있었고 다른 친구도 몇 명 소그룹으로 사귀었는데 주로 남자들이었다. 우리를 묶어주는 공통점은 우리 모두 공부벌레였다는 것이다. 모두들 관심사가 제각각이었지만 도리스와 나는 과학에 푹 빠져 있는 희귀한 여학생들이었다. 그때는 1960년대였기 때문에 여학생이 과학에 빠져 있는 게 별로 좋아 보이지 않던 시절이었다. 게다가 우리는 1,000명이 넘는 동급생 중에서 50명 정도 뽑는 우등반에 있어서 아주 똑똑한 여학생이라는 것을 증명해보인 셈이었다. 그때 나는 자타가 공인하는 공부벌레에 동급생보다 두 살이나 어렸다. 고등학교 2학년 때 나는 14살이었다.

내 동급생들은 화장을 진하게 하고 한창 유행하는 스타일의 옷을 입고 맘껏 과시하며 돌아다녔다. 나는 화장도 하지 않은 맨얼굴에(기껏 해봐야 옅은 갈색 아이라이너를 살짝 바른 정도였다) 물려받은 옷을 입고 다녔다. 이런 환경에서도 나는 고전음악과 연극에 대한 정열을(스트라우스 왈츠를 기억하는가) 북돋우면서 스스로에 대한 자신감을 키워갔다. 우등반에 들어간 덕에 브로드웨이 쇼와 카네기 홀에서 하는 공연들의 할인 티켓을 구할 수 있었고, 그렇게 보러 간 공연의 일분일초를 만끽했다. 그리고 내 자신의 지적 역량에 대해서도 서서히 자각하기 시작했다. 나는 극히 분석적이었고 분석력도 매우 뛰어났다. 나의 이런 면을 깨닫기 시작한 것은 화학 시간에 주기율표를 처음 배우면서였다. 우리는 90개가 조금 넘는 원소들이 배열된 주기율표를 외워야 했는데 실로 대단한 도전이었다. 그렇게 암기를 하고 나면 각각의 원소들이 어떻게 서로 반응하는지 또 암기해야 했다. 나는 운 좋게 한 번 보면 절대 잊어먹지 않는 놀라운 기억력을 타고 나서 암기는 식은 죽 먹기였다. 그래서 역사와 프랑스어에도 아주 뛰어났다. 나는 원소들에 대한 정보를 암기하기 시작했는데 이내 이 원소들이 반응하는 데 일정한 패턴과 순서가 있어서 모든 것을 예측할 수 있다는 것을 깨닫게 됐다.

예를 들면 일단 나트륨이 어떻게 반응하는지 알게 되면 칼륨이 반응하는 방식도 이해하게 된다. 주기율표에서 어떤 원소가 어느 자리에 있는지 정확하게 파악하면 그 원소가 다른 원소들과 어떻게 반응할지 모두 알게 되는 셈이다. 나는 그 패턴의 예측 가능성에 그만 반해버렸다. 이건 쓸데없는 정보를 산더미처럼 외우는 게 아니라 논리를 이용한 것이었는데 그 논리가 내겐 너무나 매혹적으로 보였다. 나는 프랑스어도 아주 잘해서 상도 여러 번 탔다. 하지만 언젠가는 나도 경제력을 갖춰야 할 때가 올 것이고 그래서 인문학보다는 과학이 전망이 훨씬 좋을 것 같았다. 고등학교 시절 내내 나는 생물학으로 진로를 택할 거라고 막연히 생각하고 있었다. 아빠 자신이 그쪽에 관심이 많았기 때문에 그런 내 생각을 적극적으로 격려해줬다. 아빠는 생물학자가 되고 싶었지만 대공황과 제2차 세계대전이 일어나서 그 꿈을 이루지 못했다. 그런데 주기율표를 통해 깨달음을 얻고 나서 나는 생물학이 아니라 화학으로 방향을 선회했다. 시쳇말로 화학에 코가 꿰인 것이다. 화학이 너무 마음에 들어서 퀸즈의 전 고등학교에서 뽑은 24명의 학생(주로 남자들이었다)그룹에 들어가 고등학교 2학년 여름방학에 대학교 1학년 화학 수업 특강을 들었다.

그 여름 방학 6주 동안 나는 해변에 가거나 다른 '평범한' 10대들이 하는 놀이 대신 1년 동안 배워야 할 대학 화학 수업을 6주 만에 집중적으로 배웠다. 처음에는 재미있을 거라고 생각했는데 사실 플러싱에 있는 퀸즈 대학에 가는 길부터 사람의 진을 빼놓았다. 하지만 그건 시작에 불과했다. 수업 자체도 인정사정없이 사람을 몰아붙이는 가혹한 코스였다. 나는 수업에 잘 따라갔지만 그 시간들이 끔찍했다는 건 서슴없이 인정할 수 있다. '도대체 내가 무슨 생각을 한 거야?' 하지만 6주 수업이 거의 끝나갈 무렵 즐거운 일도 하나 있었다. 그때는 실험 수업 시간으로 강사가 우리에게 실험방법을 설명하고 있었다. 그 강사에게는 실험 조교가 있었는데 우리랑 같이 여름을 보내게 돼서 무지 짜증난다는 표정으로 입이 댓발은 나와 있었다. 그는 아마도 대학원생으로 실험실에서 고등학생들이 사고 쳐서 황천 가는 일이 없도록 감독해야 하는 자신의 불운함을 저주하고 있었을 것이다. 날씨가 더워서 창문을 모두 열어놓고 있었는데 그 창문으로 노란 앵무새 한 마리가 들어와 실험실 탁자 위를 정신없이 여기저기 날아다녔다. 실험실에는 분젠 가스버너들이 타고 있었고, 앵무새가 지나가기에 위험한 실험 장비들이 사방에 널려 있었다. 강사는 당황해서 마구 소리를 지르고 있었다.

"저걸 내보내! 어서 내보내!"

나는 소리쳤다. "아니에요, 괜찮아요. 제가 잡을 게요."

나는 사람들에게 모두 분젠 가스버너를 끄라고 소리친 후 실험실 한쪽 구석에 물을 담은 접시를 놓고 이미 당황한 새가 더 놀라지 않도록 모두 침착하게 조용히 있으라고 말했다. 이내 그 새는 접시 위에 내려 앉아 허겁지겁 물을 마시기 시작했다. 그 불쌍한 것이 목이 말랐던 게 분명했다. 나는 새를 잡아서 무사히 집으로 데려왔다. 그 새를 키울 생각이었지만 찰리 새는 찬성하지 않았다. 찰리 새가 불청객(자기가 보기에)인 신참과 싸우기 시작해서, 나는 새 주인을 찾아주기 위해 신문에 광고를 내야한다는 걸 깨달았다. 다음 날 한 소녀가 울면서 전화했다. "그 새는 제 새가 아니지만 키우던 새가 막 죽어서 너무 슬퍼요. 새 주인이 나타나지 않으면 제가 키우고 싶어요." 나(그리고 찰리 새도 그랬겠지만)는 기꺼이 새를 그 소녀에게 넘겨줬다.

가끔씩 변덕이 일 때면 나는 그때 일을 돌이켜 생각해보면서 전 우주가 힘을 합쳐 내 소명이 뭔지 그때 알려주려고 한 게 아니었을까 하는 마음이 들 때가 있다. '넌 생물학을 해야 해. 특히 새에 관한 학문. 화학이 아니란 말이야.' 하지만 그때 이미 난 화학으로 결심을 굳힌 상태였다. 어느 대학으로 가느냐가 유일한 문제였다.

내 포부는 컸고 그럴 자격도 충분했다. 나는 1,600명의 학생 중 3등으로 졸업했는데 그때 고작 16살이었다. 나는 처음에는 아이비 명문 중 하나인 코넬 대학을 마음에 두고 있었다. 우리 학교를 졸업한 여학생 선배들이 거길 갔고, 내 사촌도 거길 갔기 때문이다. 하지만 두 가지 일이 발생했다. 하나는 부모님이 내가 랜드 그랜트 칼리지(지역 자치 단체에서 연방 정부의 땅을 교부받아 팔아서 설립한 대학—옮긴이)인 에이지 스쿨에 들어갈 수 있다는 걸 알고 거기로 가라고 종용했다. 그렇게 되면 부모님의 학비부담은 크게 줄겠지만 화학을 전공하긴 힘들다. 둘째로 내가 조사해봤더니 그 대학이 있는 마을에는 술집이 14개에 영화관은 2개밖에 없었다. 그래서 난 싫다고 버텼다. 물론 이유가 좀 어이없긴 했지만 나는 예술적인 분위기가 물씬 풍기는 곳에서 살고 싶었다. 나는 보스턴에 가보고 첫눈에 반해버렸다. 그곳은 극장과 음악이 넘쳐나는 도시였다. 보스턴에서 그럴듯해 보이는 대학은 래드클리프였는데 그렇다면 하버드에서 공부해야 한다는 뜻이다.

하버드의 화학과는 명성이 자자한 훌륭한 곳이었다. 내가 진학 상담 교사에게 그런 희망을 말했을 때 선생님이 말했다. "바서 대학교는 어떨까?" 나는 이렇게 대꾸했다. "바서는 여대잖아요. 아우, 여대는 싫어요. 전 화학을 전공하고 싶단 말이에요." 그러자 선생님이 한 다음 말에 난 깜짝 놀랐다. "좋아, 그렇담 MIT에 지원해보지 그러니?" 나는 충격을 받았다. "네에? 여자가 무슨 MIT요." "아냐. 여자들도 가. 물론 몇 안 되지만." 그 몇 안 되는 여자 중 하나가 내 고등학교 선배로 지금은 대학원에 다닌다고 했다. 바로 그 선배가 방학 중에 집에 다녀갈 계획이라고 해서 선생님이 나와 만날 수 있게 주선해줬다. "그렇지, 여자들도 있긴 하지." 선배는 그렇게 말했다. "MIT에서는 사실 여학생 수를 늘리려고 노력하는 중이야. 매년 여자들이 2,30명 정도 들어오지." 나는 MIT가 보스턴 바로 옆에 있으니 한 번 시도해보는 것도 좋을 것 같다는 생각을 했다. 래드클리프 대학은 나를 대기자 명단에 올려놨고, MIT는 그 자리에서 받아줬다. 그래서 16번째 생일을 맞은 지 5개월 후에 여전히 대인 관계에 서툰 나는 짐을 꾸려 난생 처음 집을 떠나 남자들로 가득 찬 무시

무시한 요새이자 위대한 학문의 전당인 MIT로 들어섰다.

찰리 새 2호는 내가 2학년이 돼서 기숙사의 독방을 배정 받았을 때부터 다시 같이 살게 됐다. 찰리 새는 끊임없이 압력을 가하는(지금도 변함없는) 치열한 학구적 환경인 MIT에서 내 동반자로 날 항상 위로해줬다. 화재 진압용 호스로 물을 마시는 것처럼 MIT에서 나는 급류처럼 밀려오는 과제와 공부를 허겁지겁 쫓아가느라 여념이 없었다. 그렇게 가열찬 학구적인 분위기에다 학생들마저 전형적인 공부벌레들이라 낯도 심하게 가리고 주변머리 없던 나는 변함없이 외롭고 서글픈 생활을 이어갔다. 매일 밤 지칠 대로 지쳐 기숙사에 돌아가면 찰리 새는 항상 따뜻한 목소리로 짹짹거리며 날 맞아줬는데 고된 하루를 보낸 후에 그 소리를 들을 때면 신기하게 피로가 풀리며 기분이 좋아졌다. 찰리는 매일 밤 내가 과제로 지정된 책을 공략하고 있을 때 옆에 앉아 예쁜 초록색 깃털을 부리로 가다듬으며 노래를 부르고 재잘거렸다. 적어도 대학 생활 초기에 우리가 나눈 '대화'는 하루 중 유일하게 공부와 관련되지 않은 내용이 들어간 대화였다. 한 번은 그 전 주에 있었던 모임에서 궁금했던 질문을 조교에게 하러 갔다가 이런 말을 들었다. "좀 이상한 질문이긴 한데 지난주에 네가 나가고 나니까 바닥에 작은 초록색 깃털이 여기저기 떨어져 있더라. 그게 대체 뭐야?" 그건 물론 내가 책을 읽으면서 페이지를 넘기고 있을 때 찰리가 책등에 앉아 깃털을 고르다 책에 깃털이 들어간 것이다. 그러다 조교가 그 책을 뒤적일 때 깃털이 바닥으로 떨어진 것이다. 그건 지금도 생각할 때마다 슬며시 웃음이 떠오르는 MIT 초창기 시절의 몇 안 되는 추억이다.

징글징글할 만큼 막대한 학비와 기숙사비와 책값 때문에 MIT 장학금과 부모님이 보내주신 얼마 안 되는 돈을 가지고 사는 것은 언제나 **빡빡했다**. 나는 돈을 아껴 쓰기 위해 3, 4학년 2년 동안 토마토 주스, 삶은 달걀, 인스턴트 커피, 아이스크림만 먹고 살았다. 아이스크림은 캠퍼스 안에 있는 작은 카페에서 팔았는데 카페 아저씨가 금방 내 형편을 알아차리고는 항상 몇 스푼씩 더 퍼줬다. 경제적으로 궁핍하고 항상 외톨이였지만 나는 화학에 더 몰두하게 됐고 특히 화학 방정식의 패턴과 규칙과 예측 가능성이 두드러지는 이론 화학에 강하게 매료됐다. 그리고…… 한 남자와 사랑에 빠지게 됐다. 그 남자는 MIT의 대학원생인 데이비드 페퍼버그로 유기화학에 골머리를 썩이고 있었는데 유기화학은 내가 강한 과목이었다. 반면 나는 전기학과 자기학이 취약했는데 데이비드가 그 두 과목을 아주 잘했다. 그래서 우린 서로 개인교습을 해주다 얼마 안 가서 연인이 됐다.

당시 나는 화학과 교수가 되는 꿈을 꾸고 있었다. 아빠는 생물학에 대한 못다 이룬 애정 때문에 약간 실망하셨다. 그러나 적어도 화학은 진정한 과학이니 좋다고 하셨다. 나는 대학원을 가야 했는데 데이비드가 아직 박사 논문을 마치지 못한 상태여서 캠브리지에서 멀리 떨어진 곳으로는 가고 싶지 않았다. 내가 이론 화학을 전공하기 위해 하버드 대학원에 지원했을 때 내 친구들은 이구동성으로 이렇게 말했다. "거길 지원할 생각을 하다니 돌았니?" 하버드의 화학과는 세계 정상의 학구적 명성을 지닌 곳이다. 그리고 남성 위주로 돌아가는 과라는 명성도 세계적이었다. 그 과에서 여학생을 보는 일은 극히 드물었다.(나중에 알게 됐지만 학구적인 과라는 점을 감안하더라도 학생들의 자살률이 아주 높았는데, 사람의 진을 있는대로 다 빼는 압력솥 같은 그곳에서 지내다보니 왜 그렇게 자살률이 높았는지 이해가 됐다.)

내가 지원한 1969년은 마침 미 정부가 대학원에 입학하는 남자들에게 징병 유예를 거부한 첫해였다. 베트남 전쟁 초기에는 자원입대를 격려했지만 이제는 징병으로 대체하고 있었다. 그래서 화학과는 얼굴마담 격으로 한 해에 한 명씩 뽑던 여학생의 숫자를 늘려야 했다. 조교가 절대적으로 부족했기 때문이다. 나는 15명 정원에 뽑힌 여섯 명의 여학생 중 하나였다. 나는 화학과란 남성 중심 세계에서 여자들이 어떤 대우를 받는지 금방 눈치 챘다. 그래서 하버드에서 공부를 시작하고 얼마 안 가 데이비드와 약혼을 하고, 굵직한 다이아몬드가 달린 골동품 반지를 자랑스럽게 끼고 다녔다. 그

반지는 데이비드의 할머니가 끼던 반지였다. 부활절 휴가가 시작되기 직전 나는 교과 문제로 처리해야 할 서류가 있어서 행정처에 갔다.

"어머, 그거 약혼반지에요?"

행정처에 있던 여자가 발랄하게 물었다. 나는 그렇다고 대답하고 그녀에게 보여주기 위해 자랑스럽게 손을 내밀었다. 그러자 그 여자가 말했다. "그럼 언제 떠나요?" 휴가가 곧 시작돼서 난 이렇게 말했다. "부활절 휴가는 좀 일찍 가려고요. 수요일 오후에요." 여자는 당황해서 머리를 흔들더니 말했다. "아니요, 그게 아니라 내 말은 언제 자퇴할 거냐는 거죠." "왜 내가 자퇴를 하는데요?" 나는 도무지 그 여자가 무슨 말을 하는 건지 몰라 되물었다. 그녀는 내 반지를 가리키며 말했다. "약혼했잖아요." 마치 그걸로 모든 설명을 다 한 것처럼 의기양양하게 말하는 표정이라니. 그녀는 분명 내가 결혼하면 전업주부로 남편을 챙기면서 살림이나 하고 애나 줄줄이 낳을 거라고 생각하고 있었던 것 같다. 아니면 그녀가 하는 것처럼 잘 해야 여자는 사무직 일이나 하면서 부서 내 요직은 의당 그 자리에 앉아야 할 남자에게 돌아가야 한다는 식으로 생각하는 모양이었다.

나는 절대 학교를 그만둘 의사가 없다고 말하고 그 자리를 박차고 나와 버렸다. 나는 엄마처럼 살 생각은 털끝만큼도 없었다. 결혼 후 데이비드는 캠브리지의 아늑한 동네 중 하나인 하버드 신학대 바로 뒤편에 있는 해몬드 가의 3층 건물에서 내가 사는 작은 스튜디오 아파트로 들어왔다. 찰리 새도 우리랑 같이 살았다. 데이비드가 한 번에 36시간까지 걸리는 실험을 하느라 새벽에 들어오고, 나는 또 어려운 수업에 들어가 연구 프로그램을 짜느라 쉽지 않은 신혼 생활이었다. 몇 년이 지나자 이론 화학을 향한 불타는 애정이 식기 시작했다. 그렇게 환멸을 느끼게 된 건 직업 전망에 대한 내 생각이 바뀐 탓도 있었다. 나는 나와 달리 실전 화학 연구를 하는 여자 동료들이 졸업을 앞두고 구직 활동을 하면서 여성에 대한 강한 편견에 부딪쳤다는 이야기를 종종 들었다. 동료들은 면접 때 종종 이런 질문을 받았다. "자네는 어떤 피임 방법을 쓰지?" 혹은 "결혼했단 말이지. 그럼 언제 임신해서 그만둘 건가?" 그때는 1970년대 초반이라 여성 운동의 갈 길이 아직 까마득했다.

전공에 대한 정열 자체도 빠르게 식어가고 있었다. 나는 분자들의 근본적인 특성을 이해해서 그것들이 어떻게 상호작용하는지, 어떤 반응이 일어나는지 밝혀내고 싶었다. 하지만 주로 하는 일이라곤 점점 더 많은 시간을 투자해서 IBM의 데이터 처리용 대형 컴퓨터에 프로그램을 돌려 끊임없이 펀치 카드를 넣어 길고 복잡한 계산을 한 후 그보다 더 많은 시간을 들여서 어떤 키를 잘못 눌러서 그 프로그램이 망가졌는지 밝혀내는 데 허송세월하고 있었다. 컴퓨터가 그때까지만 해도 원시적인 수준이어서 컴퓨터 작업은 인내를 요하는 지루한 일이었다. 나는 변화할 각오가 되어 있었지만 단지 그 사실을 미처 깨닫지 못하고 있었을 뿐이었다. 뭔가 극적인 계기가 필요했다.

유명한 동네 방화범이 그 계기를 마련해줬다. 1973년 11월 8일 밤, 한 방화범이 캠브리지에 나란히 붙어 있는 집 다섯 채의 차고에 모두 불을 질렀다. 우리가 살던 해몬드 가의 집은 계획된 방화 명단 마지막에 올라 있어서 지역 소방대원들이 모두 출동했지만 우리 집까지 올 인원이 모자라 옆 지역인 소머빌 소방차가 올 때까지 기다려야 했다. 결국 집은 홀라당 다 타버렸고, 우리는 입고 있는 옷만 건진 채 알거지가 돼버렸다. 다행히 데이비드는 박사 논문을 2주 전에 제출했고, 우리가 마지막으로 키운 앵무새 체트는 그 전 주에 죽었다. 가련하게도 1층에 있는 차고에서 흘러나온 일산화탄소를 마시고 죽은 것 같았다. 우린 수중에 가진 게 하나도 없이 졸지에 노숙자가 돼 버렸다. 하버드 대학은 이런 날 딱하게 여기고 한 학기 학비를 면제해줬다. 데이비드의 박사 과정 논문 지도교수였던 존 둘링이 캠브리지에서 서쪽으로 10마일 떨어진 링컨에 있는 그의 집에 우리를 받아줬다. 그 대가로 나는 저녁을 요리하고, 그의 어린 두 아들을 봐줬다. 그때는 경제적으로나 정신적으로 극히 힘든 시절이었다.

그 다음 해 3월에 《PBS》 채널에서 과학과 자연을 주제로 한 〈노바〉 텔레비전 시리즈를 처음으로 방영했다. 예전 같았으면 텔레비전 볼 시간이 없어서 이 프로그램을 보지 못했을 것이다. 하지만 이젠 존 교수네 집에서 신세를 지고 있었기 때문에 가끔씩 텔레비전을 봤고, 특히 그 프로그램은 교육적이어서 아이들에게 유익할 것 같아 함께 보곤 했다. 초기에 방영된 프로그램 중에서 우리는 휘파람 부는 소리를 내는 돌고래들과 대학 연구자들의 지도를 받아 수화를 배우는 침팬지에 대한 프로 중 하나를 시청했다. 나중에 본 프로 중 하나는 왜 새들이 지저귀는가에 대한 내용이었다. 나는 그 프로들을 보면서 받았던 충격을 아직도 기억하고 있다. 거기에 나온 내용들은 내게는 완전히 별천지의 이야기들이었다. 동물과 의사소통하는 인간, 인간과 의사소통하는 동물, 혹은 동물들이 서로 어떻게 의사소통하는지에 대해 탐구하는 사람들이 내게는 기적처럼 보였다. 나는 아프리카 어딘가에서 침팬지들을 연구하는 제인 구달이란 여자에 대해 전부터 막연하게 알고 있긴 했다. 그리고 그 전 해 가을에 동물 행동의 몇몇 단면에 대한 연구로 노벨상을 받은 3명의 유럽 과학자들—카를 폰 프리슈, 콘라드 로렌초, 니콜라스 틴버겐—에 대해 조금 알고 있긴 했지만 정작 그들이 뭘 연구했는지, 그리고 왜 그게 중요한지 별로 관심이 없었다. 그때까지 나는 일류 과학자들이 동물들이 자신의 지능과 감각을 이용해서 자연 상태에서 어떻게 살아가고 있는지에 대해 진지하게 연구하고 있다는 걸 전혀 몰랐다. 그리고 박쥐가 어떻게 어두운 곳에서 날아다니는지(음향 탐지 기능을 이용해서) 밝혀내 유명해진 도널드 그리핀이란 사람이 생물학자들이 동물의 지능과 사고에 대해 생각하는 방식을 혁명적으로 바꾸고 있다는 것도 전혀 알지 못하고 있었다. MIT는 그런 주제를 다루는 곳이 아니었고, 나는 그런 연구를 접한 적이 한 번도 없었다.

하지만 나는 내 미래가 어디 있는지 곧장 직감했다. 어떻게 해야 할지, 무엇을 해야 할지는 하나도 몰랐지만 이 직감이 맞으니 그걸 따라야 한다는 걸, 삶에서 몇 번 안 찾아오는 그런 중요한 순간이 찾아왔음을 절실하게 깨달았다. 동물 생물학에 대해서 전혀 아는 바가 없으니(기껏 아는 거라곤 동물의 소화기관 정도) 그때까지 내가 전문적으로 동물을 연구하겠다는 생각을 심각하게 해본 적이 없는 것도 놀라운 일이 아니다. 난 그때까지 한 번도 이런 생각을 한 적이 없다. '이런, 세상에. 이제 재미도 없는 화학 공부를 한답시고 삽질을 하느니 차라리 인간과 동물 간의 의사소통을 연구했으면 좋겠어.' 하지만 분명한 것은 단 한 가지. 이제 나는 다년 간 대학에서 공부하면서 전문적인 화학자가 되기 위해 열심히 노력하고 헌신한 세월을 헌신짝처럼 버리고 아는 것도 거의 없고 배운 바도 없는 분야에 새로 뛰어들려고 한다는 사실이었다.

집주인인 존 둘링 박사는 하버드의 생물학 교수였기 때문에 내가 진로를 정하는데 방향제시를 해줄 수 있는 적절한 인물이었다. 박사는 내게 이런 말을 했다. "그렇지, 동물의 행동을 연구하는 것이야말로 진정한 과학이야. 하버드에도 그걸 연구하는 과가 있어. 자네가 진지하게 이 분야에 뛰어들고 싶다면 하버드의 비교 동물학 박물관에 가서 그쪽 사람들과 이야기를 나눠보는 게 어떻겠나?" 나는 그 사람들과 이야기를 나눴고 거기서 받은 충고에 따라 새의 행동에 관한 것은 물론 아동 인지학과 언어에 대한 강좌와 세미나를 듣기 시작했다. 그리고 그 분야에 대한 책들을 닥치는 대로 읽었다. 내가 투신하고자 하는 분야에 대해 소양을 갖출 수 있는 지식이라면 뭐든 다 읽으려 들었던 것이다. 화학 박사 학위를 따는 데 필요한 시간은 계속 투자했지만 나에겐 새로운 소명이 생겼다. 나는 알렌과 비아트리스 가드너, 데이비드 프리맥과 드웨인 럼바우 같은 학자들이 행한 인간과 침팬지 간의 의사소통에 대한 선구적인 연구 작업에 대해 배웠다. 피터 말러가 새들이 어떻게 노래를 배우는지를 발견한 이야기도 들었다. 이렇게 나는 완전히 새로운 과학 분야에 정신없이 빠져들었다. 내게도 분명 새로웠지만 이것들은 과학계 내에서도 새로운 분야였던 게 사실이다. 저명한 과학자들이 계속 혁신적인 발견을 해나가는 이 분야는 그야말로 성지와도 같았다. 이 과학자들은 동물에게 인간 언어의 기초를 가르치고 동물의 사고와 의사소통 방식을 탐구하고 있었던 것이다. 당시의 과학적 통념으로 보면 동물은 로봇처럼 기계적으로 움직이면서 그들이 사는 환경에 존재하는 자극에 무의식적으로 반응한다고 간주됐었다. 그러나 이제 새롭게 부상하는 과학이 그 견해를 완전히 뒤집어 놓은 것이다. 그것은 하나의 혁명이었다. 그리고 나는 그 혁명의 일부가 되고 싶었다.

내 유일한 고민은 바로 '어떤 동물을 연구해야 하는가?'였다. 대답은 간단했다. 새들이 노래를 배우듯이, 나는 앵무새들과 지낸 개인적인 경험으로 앵무새들이 말을 배울 수 있다는 것을(일부 앵무새들은 그렇다) 알고 있었다. 다른 과학자들은 대개 침팬지를 이용해서 인간과 동물 간의 의사소통에 대해 연구하고 있었다. 새를 가지고 연구하는 과학자는 한 명도 없었다. 나는 흔히 사람들이 생각하고 있는 것보다 새들이 영리하다는 것을 알고 있었고, 새들이 인간과 의사소통을 할 수 있다고 나름 자신하고 있었다.

의사소통이라는 면에서 보면 현실적으로도 침팬지와 연구하는 것보다는 새와 연구하는 게 훨씬 쉬웠다. 새 중에서도 인간의 말을 배울 수 있는 종이 필요했는데 그렇다면 앵무새나 아니면 그와 비슷한 종인 까마귀 종을 연구해야 했다. 까마귀 종류보다는 앵무새가 말을 훨씬 잘한다는 것을 나는 금방 알게 됐고 앵무새 중에서도 가장 분명하게 말할 수 있는 것은 아프리카 회색 앵무새였다. 그렇다면 회색 앵무새로 정해야지……!

  아프리카 회색 앵무새는 애완동물로 키우는 새 중에서도 인기가 아주 많았다. 실제로 앵무새를 애완동물로 키운 역사는 무려 4천 년 전까지 거슬러 올라간다. 이집트 상형문자에 보면 애완동물인 앵무새의 이미지가 나오고, 그리스와 로마의 귀족 집안에서도 앵무새를 키웠다는 증거가 많다. 영국의 헨리 8세 또한 앵무새 애호가였다. 앵무새들은 장기간에 걸쳐 항해하는 포르투갈 선원들에게 말을 나눌 수 있는 좋은 동반자로서의 역할을 톡톡히 해냈을 것이다. 회색 앵무새는 게다가 아주 아름다운 생물로 하얀색 깃털과 섬세한 회색 깃털이 절묘하게 섞여 있으며, 눈 주위는 하얗고 꼬리는 밝은 진홍색이다. 나는 이 회색 앵무새가 사람들의 관심을 받는 것을 특히 좋아하며 주인과 깊고 끈끈한 유대를 맺으면서 떼려야 뗄 수 없이 깊은 정이 든다는 사실도 알게 됐다. 물론 나는 이제부터 키울 회색 앵무새와 그런 관계는 맺지 않기로 작심했다. 내가 회색 앵무새를 실험 대상으로 삼은 이유는 그 종이 아주 영특한 종이기 때문이지, 애완동물로 키우려고 선정한 게 아니었으므로. 독일 동물학자인 오토 쾰러는 1950년대에 비범한 연구를 실시해서 회색 앵무새들이 숫자에 비상한 재주가 있다는 것을 보여줬고, 쾰러의 조수 중 하나인 디트마 토트는 회색 앵무새가 사회적 상호작용을 통해 언어를 비교적 쉽게 배울 수 있다는 것을 증명했다. 그런 정보를 제외하면 과학 세계에서 앵무새에 대해 알려진 것은 별로 없었다. 하지만 나로선 그것만으로도 충분했다.

나는 1976년 5월 이론 화학으로 박사학위를 받았고, 데이비드는 인디애나 주의 웨스트 라파예트에 있는 퍼듀 대학에서 생물학 교수로 임용됐다. 데이비드의 수업은 다음 해 1월 1일에 시작할 예정이었다. 나는 그곳에서 나만의 조류 연구를 시작할 방법을 찾을 수 있기를 기대했다. 1977년 6월 우리는 회색 앵무새를 사려고 시카고의 오헤어 공항 근처에 있는 애완동물 가게인 '노아의 방주'로 차를 몰고 갔다. 나는 그 전 몇 달 동안 그 가게의 조류 담당 매니저와 몇 번 연락을 해서 거기에 앵무새가 8마리 있다는 것을 알고 있었다. 가게는 아주 거대했고 온갖 종류의 애완동물들과 손님들로 북적거려서 소란스러웠다. 조류 담당 매니저가 우리를 맞아 앵무새가 있는 곳으로 안내했다. 거기에는 큰 새장에 새가 여덟 마리 있었는데 모두 한 살이었다. "어떤 놈이 마음에 드세요?" 그는 나에게 물었다. 나는 뭘 골라야 할지 몰라서 어깨만 으쓱했다. 어쨌든 앵무새의 일반적인 인지 능력을 반영하는 연구를 할 것이니까 무작위로 하나를 고르는 게 좋겠다고 생각했다. "저 대신 하나 골라주시겠어요?" 내가 말했다. "그러죠." 그는 그렇게 대답하고 망을 하나 집은 후에 새장을 열어서 가장 손이 쉽게 닿는 곳에 있는 새 한 마리를 잡아 꺼냈다. 그리고 그 새를 테이블에 엎어놓고 날개와 발톱과 부리를 자른 후 작은 상자에 넣었다. 아주 무덤덤한 첫 만남이었다.

라파예트까지 돌아가는 데는 세 시간 반이 걸렸다. 적어도 반년 동안 같이 지내던 무리에서 갑자기 끌려나와 어둠 속에 갇혀 있던 그 작은 새로서는 아주 힘든 긴 시간이었을 것이다. 나는 새를 넣은 이동새장을 생물학과에서 빌린 실험실로 가져가 구석에 있는 새장 옆 테이블 위에 놓았다. 나는 새가 최대한 안전한 기분을 느끼게 해주고 싶었다. 데이비드는 두꺼운 장갑을 끼고 이동새장을 열어서 버둥거리는 새를 집어 결국 준비한 새장에 넣는 데 성공했다.(나는 새와 신뢰를 쌓아야 했기 때문에 새에게 고통을 줄 수 있는 일은 모두 데이비드가 도맡아 했다.)

그때 그 새는 분명 어떤 것도, 누구도 신뢰하지 않았고 나에 대해서도 마찬가지였을 것이다. 새는 덜덜 떨면서 불안하게 꺽꺽거리고 울다가 횃대에서 서성거렸다. 그 불쌍한 새는 분명 충격을 받은 상태였다. 거기다 방의 맞은편 새장에 있는 앵무새 멀린에게도 겁을 집어먹은 것 같았다. 물론 멀린도 그 새만큼 두려워하고 있었다. 새로운 회색 앵무새는 덜덜 떠는 모습이 시원찮고 내가 기대했던 역할을 하지 못할 것처럼 보였지만 바로 이 새가 장차 인간이 아닌 다른 피조물의 지능에 대해 사람들이 생각해온 방식을 획기적으로 바꿔놓게 될 주인공이었다. 무엇보다 이 어린 회색 앵무새는 운명처럼 내 인생을 영원히 바꿔놓게 될 터였다. 그 순간 24년 전 내 인생을 통째로 바꿔놓았던 무명씨 앵무새가 절로 떠올랐다. 그 무명씨는 30그램도 안 나가고 크기도 5센티미터밖에 되지 않았다. 이번에 새로 온 회색 앵무새는 훨씬 덩치가 커서 무게도 500그램 정도 나가는데다 크기도 25센티미터나 됐다. 하지만 이 새로운 새에게는 이름이 있었다. 그 이름은 알렉스였다.

| chapter 2 |

알렉스의 첫 번째 과제

우리가 함께 한 첫 날 내가 더 긴장했는지 아니면 알렉스가 더 긴장했는지 모르겠다. 내가 조금 초조해 했던 건 의식하고 있었지만, 알렉스 역시 불쌍하게도 정신적인 충격을 받아 잔뜩 긴장하고 있는 것처럼 보였다. 알렉스는 몇 달 동안 자신이 있던 곳에서 갑자기 끌려나와 무섭게 생긴 앵무새 한 마리와 낯선 인간들이 있는, 가구도 별로 없는 작은 방으로 옮겨와 완전히 새로운 환경에 들어온 것이다. 나는 내가 새와 친하고 익숙한 사람이라고 생각하고 있었지만 알렉스처럼 큰 새를 키워본 적은 없어서 어떻게 다뤄야 할지 확신이 서질 않았다. 내가 아는 것이라곤 어떤 모이와 음료수를 먹여야 하는지 정도였다. '처음에는 달래듯이 다정하게 이야기를 걸면서 앵무새가 좋아하는 간식을 줘야

해…….' 그렇게 서서히 나에 대한 믿음을 키워가야 한다는 걸 알고 있었지만 시작은 쉽지 않았다.

알렉스는 이틀 째 되는 날에도 여전히 불안해했고, 방에 있는 또 다른 앵무새를 두려워하고 있었다. 그래서 멀린의 새장을 다른 방으로 옮기기로 했다. 그리고는 알렉스에게 돌아가 내 팔에 앉도록 달래봤다. 알렉스는 내가 살살 꼬이는 말을 들은 척도 하지 않고 새장에서 나오지도 않았다. 그때 옆방에서 전화벨이 울려서 전화를 받으러 갔다. 일분도 못 돼 다시 돌아왔을 때 알렉스는 새장에서 나와 있었다. 야호! 드디어 일보 전진. 알렉스에게 과일을 조금 주자 알렉스는 지분거리기만 하고 먹진 않았다. 알렉스에게 앉으라고 팔을 내밀자 알렉스는 엉거주춤하게 그 위로 올라앉았다. 아무래도 다른 사람의 팔에 앉은 건 처음인 것 같았다. 이 또한 발전이로세. 그러나 이런 기쁨은 오래 가지 않았다. 여전히 경계심을 잔뜩 품은 알렉스는 날아오르려고 하다 이내 바닥으로 쿵 떨어지고 말았다. 애완동물 가게에서 나올 때 날개가 잘렸기 때문이다. 알렉스는 애처롭게도 꺽꺽거리면서 거칠게 날개를 퍼덕거렸다. 그러다 갑자기 사방에 피가 튀겼다. 날개 깃털 하나가 부러진 것이다. 불쌍한 알렉스는 경기를 일으켰고, 나 역시 허둥지둥 정신이 없었지만 더 이상 놀라지 않도록 진정시키려고 애를 썼다. 전에 앵무새들을 키울 때 깃털이 부러진 적이 많아서 나는 처치법을 알고 있었다.

하지만 이번에는 알렉스가 너무 놀란 데다 전에 키우던 애완 앵무새들보다 상대적으로 체구도 크고 무엇보다 우리가 편한 관계가 아니란 게 문제였다. 그래서 처치 법은 훨씬 더 어렵고 위험했다. 난 마침내 알렉스를 들어 올려 부러진 깃털을 뽑아내고 다시 우리에 넣었다. 알렉스는 크게 놀란 게 분명했다. "알렉스는 내게 잔뜩 겁을 집어먹고 그 날은 더 이상 새장에서 나오지 않았다"라고 나는 알렉스가 도착한 날부터 쓰기 시작한 일기에 적었다.

알렉스를 어떻게 탓할 수 있겠는가? 그 다음 며칠 동안 알렉스는 조금씩 용기를 내기 시작했다. 알렉스는 자발적으로 새장에서 나오기 시작했지만 여전히 나에 대한 경계심은 풀지 않았다. 3일째 되는 날은 어쩌다가 내 팔에 앉게 됐다. 알렉스는 날 피하려고 애를 썼지만 어찌 됐든 몇 초는 내 팔에 앉아 있었던 것이다. 나는 알렉스가 뭘 좋아하는지 보려고 종이와 나무 조각 같은 물건을 주기 시작했다. 좋아하는 물건의 이름을 배우는 것부터 시작하면 학습 과정을 빠르게 진척시킬 수 있을 거라고 생각했던 것이다. 알고 보니 알렉스는 음식보다 종이로 만든 색인 카드를 훨씬 더 좋아했다. 알렉스는 색인 카드를 신나게 씹어서 눈 깜짝할 사이에 조각조각 찢어버렸다. 4일째 되는 날은 상태가 훨씬 나아졌다. 다시 새장에서 나와 이번에는 짧게나마 내 팔에 자발적으로 올라와 앉았다. 종이 씹는 걸 좋아하는 건 여전했다. 알렉스에게 종이를 줄 때면 나는 "종이, 여기 네 종이가 있다"고 말하면서 특히 종이를 강조해서 말했다.

훈련을 돕겠다고 자원한 내 친구 마리온 팍이 처음으로 알렉스를 만나러 왔다. 알렉스는 마리온을 보자마자 마음에 들었는지 이내 그녀의 팔에 앉았고, 그녀와 한 시간 정도 흡족하게 시간을 보냈다. 왜 안 그러겠는가? 마리온은 어두운 상자에 알렉스를 몇 시간씩 처넣어 바닥에 던져두지도 않았고, 깃털을 부러뜨리지도 않았다. 하버드에서 연구한 훈련 방식을 약간 변형시킨 방법으로 알렉스를 훈련시키기 위해서는 마리온의 도움이 필요했다. 이 연구 방법은 나중에 좀 더 자세히 설명하겠다. 요점만 말하면 이 방법은 한 명이 아닌 두 명의 트레이너가 참가해서 알렉스가 지켜보는 가운데 두 트레이너가 교대로 서로에게 물건의 이름을 물어보는 식으로 진행한다. 그런 다음 트레이너 중 한 명이 알렉스에게 같은 단어를 사용해서 질문한다. 이 훈련의 핵심은 알렉스가 사회적인 상호작용을 하면서 단어를 배우게 된다는 것이다. 이런 훈련 과정은 당시에 정석으로 여겨지던 방법과는 근본적으로 다른 것이다. 마리온과 나는 그날 '페이퍼(종이)'라는 이름을 가지고 그렇게 훈련을 시작했다. 마리온이 그날 아침 훈련을 마치고 떠난 후에 나는 알렉스와 한 시간 더 같이 있었다. 나는 일부러 알렉스를 모른 척 무시하고 있다가 알렉스가 시끄러운 소리를 내면 상으로 종이를 주면서 다시 이렇게 말했다. "페이퍼. 알렉스, 여기 네 페이퍼가 있다." 앵무새를 키우는 사람이라면 자신이 키우는 새가 저절로 단어 몇 개를 익힌다고 말하겠지만 그렇게 마구잡이로 단어 몇 개를 배우는 것과 의미 있는 의사소통을 하는 것은 완전히 차원이 다르다. 알렉스를 훈련시키는 첫 단계는 좀 전에 나와 마리온이 한 것처럼 종이라는 한 물체와 '페이퍼'라는 새로운 소리를 연결시키는 것이다. 알렉스가 낼 수 있었던 유일한 소리는 '아프' 같은 소리였는데 그것 말고는 소리는 거의 내지 않은 채 시험 삼아 귀에 거슬리는 소음을 닥치는 대로 질러보는 것 같았다. 나는 알렉스에게 색인 카드 한 장을 주면서 말했다. "좋아, 알렉스. 아직 갈 길이 멀었다, 얘야." 알렉스는 아무 말도 하지 않고 종이에 부리를 비벼대면서 연신 신나게 찢고 있었다. 어쨌든 이로써 마침내 첫 연구가 시작됐다.

훈련을 시작하고 보니 '페이퍼'가 잘못된 선택이었다는 것이 드러났다. 알렉스에게는 입술이 없기 때문에 '프' 소리를 내기가 아주 힘들었던 것이다. 하지만 알렉스가 고른 물건이니 어쩔 수 없이 해야 했다. 그 후 4,5주간 나는 조금씩 알렉스의 성취도를 높여서 더 많은 것을 이룰 수 있게 밀어붙였다. 예를 들어 훈련하는 동안 마리온과 나는 실제에 가까운 소리가 나진 않더라도 리듬 상 '페이-퍼'처럼 두 음절의 소리가 날 때까지 기다렸다가 상으로 종이를 주곤 했다.

이는 단어의 소리 형태를 뜻하는 '음향 외피'라고 불린다. 우리는 또 알렉스가 소리를 낼 때 종이만 연상하지 않도록 은색 열쇠도 하나 보여줬다. 알렉스는 점점 더 안정된 소리를 내면서 마리온과 내가 "이게 뭐지?"라고 물으면서 종이를 보여주면 "에어"란 소리를 내고, 열쇠를 보여주면 "이"라는 소리를 내기 시작했다. 가끔은 혼동을 해서 두 소리를 섞어 "이-어"라는 소리를 내기도 했다. 하지만 알렉스가 소리를 이해하기 시작한 건 확실했다. 훈련을 시작한 지 몇 주 후부터 알렉스는 특정한 물체를 구분하는데 소리로 된 이름을 확실하게 사용하기 시작했다.

알렉스는 우리가 하는 말을 보통 앵무새가 하듯이 흉내만 내는 게 아니었다. 이런 현상이 두드러지게 나타난 것은 7월 1일이었다. 나는 알렉스가 과일처럼 입이 지저분해지는 음식을 먹고 난 후에는 종이로 부리를 닦는 것을 좋아한다는 걸 알고 있었다. 그래서 종이가 필요하도록 알렉스에게 종종 사과를 줬는데 그럴 때마다 알렉스는 이해할 수 없는 소리를 내면서 종이를 달라고 했다. 하지만 7월 1일 그날은 알렉스에게 사과를 주면서 종이 주는 걸 까맣게 잊어버리고 있었다. 알렉스는 평상시처럼 새장 위에 앉아서 내게 그 후로 몇년에 걸쳐 숙달하게 될 표정으로 날 쳐다보았다. '오케이, 도대체 뭐가 문제야, 여보세요?' 그러다 새장 가장자리까지 느릿느릿 걸어가더니 내가 색인 카드를 넣어두는 서랍을 내려다보면서 "에이-에이"같은 소리를 냈다. 그것은 알렉스가 그냥 무의식적으로 내는 그런 소리가 아니었다.

나는 뛸 듯이 기뻤지만 우연히 일어난 일이 아니라는 걸 확인하고 싶었다. 나는 처음으로 "에이-에이"란 소리를 낸 데 대해 상으로 종이를 줬고, 알렉스는 한동안 그 종이를 행복하게 씹었다. 나는 다시 또 종이 한 장을 들고 알렉스에게 뭔지 물었다. 알렉스는 다시 "에이-에이"란 답을 했다. 그래서 또 상을 줬다. 그렇게 우리 둘은 여섯 번 정도 묻고 대답했다. 7번째는 알렉스도 분명 질린 것 같았다. 내가 또 물어보자 알렉스는 기운차게 부리로 날개를 다듬기 시작하면서 걸걸한 목소리로 뭐라고 시끄럽게 떠들어댔다. 알렉스는 항상 수업은 이제 그만하자는 자신의 의사를 아주 분명하게 전달했다!

"오늘은 정말 대단한 날이었다!" 나는 8월 4일 일기에 그렇게 적었다. 마리온은 그날 나와 같이 알렉스를 훈련시켰다. "알렉스가 오늘 너무 잘했다!"라고 나는 썼다. "알렉스는 알아서 스스로 발음을 고치면서 우리에게 물건들의 이름을 댔는데 심지어는 발음까지 향상됐다." 알렉스의 발음은 지금까지 들은 것 중에 최고인 "퍼" 소리를 내서 "페이어"라고 말했다. 그리고 "키(열쇠)" 발음의 정확도도 껑충 뛰어올랐다. "마침내 알렉스는 물건과 그 발음을 연결시킨 것처럼 보였다." 나는 이렇게 의기양양하게 써내려 갔다. "알렉스가 해냈어, 정말 해냈다니까." 그러나 그 다음 날 내 일기에는 이렇게 적혀 있었다. "알렉스는 오늘 믿을 수 없을 정도로 멍청했다! 어제 보여줬던 뛰어난 실력은 온데간데없었다. 키 발음을 시키는 것도 불가능했고 페이퍼란 말도 하지 못했다. 도대체 왜 이런 걸까?" 나는 난감하기가 이루 말할 수 없었고 당혹스럽기도 했다. 하지만 알렉스 자신은 흡족해보였다. 알렉스는 내가 바나나를 주면 기쁘게 먹고 골골거리는 소리를 냈다. 그리고 전에 깃털이 뽑혔던 자리에 새 깃털이 나고 초기의 긴장도 다 풀어지면서 아주 건강해보였다. 그 중에서도 특히 꼬리에 새로 난 진홍색 깃털은 보면 볼수록 아름다웠다. 하지만 "키"와 "페이퍼"는 알렉스의 안중에 없는 것 같았다.

우리는 나중에야 이런 행동이 정상이란 걸 알게 됐다. 스위스 심리학자인 장 피아제는 아이들이 뭔가 새로운 말을 배우면 그 말을 자유자재로 사용하기 전에 그 말을 소화해서 자기 것으로 만들 시간이 필요하다고 말했다. 우리는 몇 년 뒤 알렉스가 밤에 혼자서 재잘거리는 모습을 비디오로 찍기 시작했을 때 종종 새로 배운 말을 아주 분명하게 '연습하는' 모습과 때로 낮에는 전혀 발음하지 못했던 단어까지도 정확하게 발음하는 것을 보게 됐다. 그처럼 8월 4일과 5일 저녁 알렉스는 혼자서 계속 "페이어"와 "키"를 유쾌하고 뚜렷하게 연습하고 있었다. 다만 우린 그걸 몰랐던 것이다. 얼마 후에 알렉스는 물건의 이름인 소리를 이해하기 시작했다는 또 다른 징후를 보여줬다. "알렉스가 해냈어, 정말 해냈다니까"를 연발했던 첫 순간이 지나간 몇 주 후 알렉스는 은색 열쇠만 가지고 훈련시켰는데도 붉은 색 열쇠를 보고 "키"라고 정확하게 구별했다. 알렉스는 색깔에 상관없이 열쇠는 열쇠라는 것을 알고 있었던 것이다. 심리학자들이 '정보의 이동'이라고 부르는 현상을 드디어 알렉스가 처음으로 보여준 것이다. 이런 음성 인지 능력은 침팬지까지 포함해서 인간을 제외한 다른 모든 동물에는 나타나지 않았던 능력이었다. 아주 순조로운 출발인 셈이었다.

하지만 훈련을 시작한 첫 몇 달 동안 내내 이런 '심봤다'와 같은 순간만 있었던 건 아니었다. 자세한 내용들은 내 일기장에 적혀 있지만, '8월 5일 알렉스는 믿을 수 없을 정도로 멍청했다!'는 것 외에도 그와 비슷한 사례는 허다했다. "알렉스가 무지하게 우울해했다", "심난한 새……", "알렉스는 오늘 완전 바보였다", "알렉스가 오늘 아침은 돌아버렸다", "알렉스가 오늘은 뱅뱅 돌기만 하면서 내 말은 귓등으로도 안 들었다"와 같은 메모들이 계속 이어졌다. 이렇게 부진한 날들은 알렉스에게도 필시 그럴만한 이유가 있었을 것이다. 나도 알 수 없는 노릇이다. 하지만 우리 둘이 파트너가 되어 점점 신뢰를 쌓아가고 알렉스에게 자신감이 붙으면서 이런 날은 점차 줄어들었다. 우리는 서로에 대한 경계를 풀어가기 시작했다. 그래도 훈련을 시작한 첫 2년 동안 알렉스는 낯선 사람들 앞에서 절대로 마음을 놓지 않았다. 알렉스는 몸을 흔들면서 사리다가 가끔 사납게 소리를 지르기도 했다. 실험실에 모르는 사람이 있을 때 알렉스는 내가 하는 말을 듣지 않았다. 거기다 이제는 자기 의견까지 내세우기 시작했다. "알렉스가 빨리 상을 받지 못하면 까다롭게 굴기 시작했다." 9월 1일 일기에 나는 그렇게 썼다. "페이퍼라고 말한 후에 내가 상을 좀 늦게 주면 알렉스는 좀 더 빠르고 좀 더 크게 페이퍼라는 말을 반복하기 시작했다. 그건 마치 '이봐, 빨랑 움직여. 난 알렉스란 말이야, 빨리 상 줘!'라고 외치는 것 같았다." 이 모습은 나중 전면적으로 드러나게 될 남다르고 자기주장이 강한 알렉스의 성격과 개성의 한 단면인데 그때 처음 나타난 것이다.

1977년 초 퍼듀에 도착했을 때 나는 뭘 하고 싶은지 정확하게 알고 있었다. 하지만 그때 나는 상당히 난감한 상황에 봉착하게 됐다. 내 연구프로그램을 진행시키고, 조수들에게 급료를 주고, 새 모이와 알렉스가 이름을 붙여야 할 물건들을 살 경비를 대기 위해서는 연구비가 필요했다. 거기다 실험실로 쓰는 방에 들어가는 관리비에, 박봉이지만 내 월급도 챙겨야 했는데 내게는 교수직이 들어오지 않았던 것이다. 일단 교수 자리가 없는 한 연구 기금을 지원하는 주요 기관에서 연구비를 받기란 하늘의 별따기와 같았다. 퍼듀 대학의 관계자들은 내가 연구비를 딸 수 있다면 교수직은 아니라도 연구직은 줄 수 있을 거라고 말했다.(이로써 퍼듀 대학은 날 교수로 보는 게 아니라 데이비드 교수의 마누라로 보고 있으며 교수직을 달라고 조르며 말썽 피우지 말고 주는 대로 만족하라는 뜻을 명확하게 전달한 것이다.)

그런 상황에서 친절하게도 생물학과 교수인 선구적인 생물학자 피터 와서가 빌려준 실험실 한켠에서 나는 연구를 계속 할 수 있게 됐다. 학장에게 소소하게 공작을 벌이고, 생물학과 과장인 스트류더 아노트의 도움을 받아 알렉스를 구하기 몇 달 전인 1977년 초입 나는 국민 정신건강 연구소에 연구비를 지원해달라는 지원서를 가까스로 낼 수 있었다. 내 제안서는 간단했다. 나는 지금까지 침팬지들이 이뤄낸 언어와 인지 기술을, 호두만한 크기의 뇌를 가졌지만 말할 수 있는 동물인 회색 앵무새가 익히게 만들고 싶다는 포부를 밝혔다. 그렇게 할 수 있다는 자신감은 두 가지 근거를 바탕으로 하고 있었다. 첫 번째는 말하는 새들을 다룬 경험이 점점 늘어가면서 일반적으로 생각하는 것보다 그 새들이 훨씬 똑똑하다는 확신이 커지게 되었다는 것이다. 두 번째는 회색 앵무새는 유인원처럼 수명이 길고, 앵무새의 사회적 그룹이 크고 복잡하다는 사실이다. 이 두 가지 요인으로 미뤄 원숭이들이 지니고 있는 것으로 보이는 지능의 일부가 앵무새에게도 있다고 짐작할 수 있지 않을까? 그 중에서도 회색 앵무새처럼 영리한 종에게는 말이다.

알렉스를 훈련시키는 내 계획은 당시로서는 정통으로 받아들여지던 방법과는 확연히 달랐다. 당시에 팽배했던 심리학적 신조인 행동주의에 따르면 동물은 인지력이나 사고 능력은 거의 혹은 전혀 없는 일종의 로봇으로 간주됐다. 생물학 역시 대부분의 동물 행동이 태생적으로 프로그램된 것이라고 주장하는 이론이 지배적이었지만 앞서 말한 행동주의보다는 그나마 조금 나은 편이었다. 동물들을 상대로 실험하는 조건은 아주 빡빡하게 정해져 있었다. 실험에 쓰이는 동물들은 '정확한' 반응을 보였을 때 상으로 주는 음식을 애타게 기다리도록 굶겨서 체중을 정상 체중의 80%까지 떨어뜨린다. 이 동물들은 또한 '자극'이 아주 엄격하게 통제돼서 그에 대한 반응 역시 정확하게 관찰될 수 있도록 항상 상자 안에 갇혀 있어야 했다. 이 실험 기법을 '조작적 조건화'라고 한다. 이 방법은 내가 보기엔 그야말로 정신 나간 짓이었다. 그것은 나의 본능과 자연 현상을 이해하는 내 상식을 정면으로 거스르는 행위였다.

우선 의사소통이란 사회적인 상호작용이므로 그것을 학습하는 행위 역시 사회적인 상호작용이라는 것은 조금만 사려 깊게 생각해도 자명한 것이다. 동물을 상자에 가둬놓고 의사소통 하는 법을 배우길 기대하는 것 자체가 내게는 터무니없는 오류처럼 보였다. 몇몇 연구자들이 사람의 말을 모방하는 새들을 가지고 이런 시도를 해 보았는데 당연하게도 완전히 실패하고 말았다. 이 과학자들은 실험 실패를 새들의 낮은 지능 탓으로 돌렸지만 내가 보기엔 그들의 사고와 접근법이 틀렸다. 1960년대 후반이나 1970년대 초반까지만 해도 인간과 동물 간 의사소통을 연구했던 초창기 과학자들은 행동주의 모델을 따르지 않았다. 그들은 좀 더 자연스런 훈련 기법을 택했다. 하지만 이 방법 역시 나는 여전히 뭔가 부족하다는 생각이 들었다. 과학자들이 마치 어린아이 대하듯이 침팬지와 일주일 내내 24시간 같이 사는 것을 보았지만 솔직히 나로서는 그렇게 생활하면서 앵무새를 객관적으로 대할 자신이 없었다.

1975년 나는 이 난제에 대해 고민하고 있다가 이전에 잘 몰랐던 독일 잡지에 발표된 동물행동학자 디트마 토드의 논문을 우연히 보게 됐다. 나는 그 논문에서 묘사한 라이벌-모델 훈련 프로그램을 알렉스를 훈련시키는 데 사용해 보았다. 앞에서 말했던 것처럼 이 훈련 체제에서는 동물 실험대상이 한 명이 아닌 두 명의 트레이너와 훈련하게 된다. 주 트레이너인 A가 다른 트레이너인 B에게 물체 A를 보여주고 이름을 대라고 한다. 만약 B가 정확하게 답을 맞히면 A는 B에게 상을 준다. 틀린 답을 대면 야단을 맞게 된다. B 트레이너는 실험동물의 '모델'이자 A 트레이너의 관심을 끌기 위한 '라이별'이 되는 것이다. 그렇게 훈련을 하는 중간 중간 A 트레이너는 실험동물에게 물건의 이름을 물어보고 대답에 따라 상을 주거나 야단을 친다. 토드는 이런 방법을 썼을 때 회색 앵무새가 아주 빠르게 말을 배웠다고 보고했다.

나는 토드의 논문을 읽자마자 그의 접근법에 한계는 있을 수 있지만 옳았다는 것을 알 수 있었다. 문제는 그 접근법이 여러 가지 가능성을 품고 있기는 해도 새들이 연구자들이 내는 소리를 이해하고 있는지를 확신할 수는 없다는 점이다. 내게는 이 이해가 관건이었다. 예를 들어 알렉스가 몇 가지 물건의 이름들을 아무리 정확히 발음한다고 해도 그 이름들이 특정한 물체나 행동에 대한 이름이라는 걸 모르는 한 그건 그냥 소리를 흉내 낸 것에 지나지 않을 수 있다. 나는 토드의 방법을 부분적으로 개조해서 A와 B 트레이너가 서로 역할을 바꿔서 질문하는 모습을 알렉스에게 보여줘서 양쪽 역할 모두 가능하다는 것을 깨우치도록 했다. 그리고 물건의 정확한 이름을 맞추면 그 물건을 주는 것을 상으로 정했다. 만약 알렉스가 정확하게 '종이'라고 구분하면 나나 내 파트너가 알렉스에게 종이를 주는 것이다. '열쇠'나 '나무'나 뭐든 다 일괄적으로 그렇게 정했다. 이렇게 해서 물건과 그 이름이 알렉스의 머릿속에서 밀접하게 연결될 수 있도록 했다.

앵무새가 배우는 일상적인 과정을 묘사하느라 평상시 잘 접하지 못했던 전문용어를 사용해서 훈련 기법을 설명하는 것을 독자 여러분은 조금만 더 참아주셨으면 한다. 나의 목적은 한 가지였다. 나는 오직 인간과 영장류만 성취할 수 있다고 간주된 인지 능력을 앵무새도 획득할 수 있다는 걸 보여주려고 계획한 것이다. 그렇게 하기 위해선 아주 특별한 조건이 필요했고, 마찬가지로 내가 주장하는 바를 사람들이 믿어야 했다. 훈련 모델에는 3가지 요소가 들어간다. 첫 번째는 명명, 즉 사물의 이름을 대는 '뜻'을 의미하는 요소이다. 예를 들면 '종이'란 말은 구체적인 물체를 가리킨다. 두 번째, 기능성은 단어가 어떻게 사용되는지 즉 어용론을 뜻한다. 일련의 단어들을 배우는 이유는 그 단어를 사용해서 실질적으로 원하는 상을 받기 위한 것이다. 세 번째는 사회적 상호작용으로 트레이너와 동물 실험대상 간에 주고받는 관계를 뜻한다. 트레이너와 동물 실험대상 간의 유대관계가 강할수록 아이들의 경우와 동일하게 학습 효과가 더 높아진다. 나는 항상 트레이너들에게 알렉스와 훈련할 때 적극적으로 유쾌하게 훈련을 이끌어가면서 어른들이 어린 아이들을 가르치는 것처럼 학습목표로 하는 물건의 이름을 강조해서 말해달라고 부탁했다. 이런 모든 조건들이 다 갖춰지면 새의 두뇌가 어떻게 작용하는지 탐구할 수 있는 가능성이 전례 없이 커지게 되는 것이다.

어쨌든 내가 연구비 지원 신청서에서 주장한 내용은 바로 이것이었다. 신청서를 검토한 심사위원단은 별 감동을 받지 못했던 게 분명했다. "알렉스가 해냈어"라고 일기를 쓴지 딱 2주 후인 9월 19일에 나는 심사위원단이 보낸 편지를 한 통 받았는데 요점만 말하면 도대체 무슨 헛소리냐는 내용이었다. 그들은 내가 새의 두뇌로 언어와 인지력을 익힐 수 있다는 것을 입증하려고 시도하는 것 자체가 돌았다는 뉘앙스를 편지에 풍기고 있었다. 거기다 조작적 조건화라는 기존의 실험 조건을 무시하고 사회적 상호작용이라는 아주 미심쩍은 방법을 택한 것은 더 정신 나간 짓이라는 뜻을 전했다. 그때 편지를 받고 너무 놀라지 말았어야 했다. 돌이켜보면 심리학 쪽으로 아무 훈련도 안 받았고, 자격 요건도 갖추지 못한 사람에게 연구 지원비를 달라고 청한다는 것이 그만큼 세상 물정을 몰랐다는 생각도 든다. 게다가 생물학도 전공하지 않은 사람이 당시 널리 알려지고 통용되던 방법과 극히 다른 방식으로 프로젝트를 진행한다고 했으니 못 미더울 게 당연했다. 하지만 나는 내 프로젝트가 효과가 있을 것이라는 아주 강한 믿음과 확신이 있었다. 그래서 그 편지를 받았을 때 나는 너무 놀라고 화가 치밀었다. 얼마나 화가 났던지 알렉스는 내 행동을 보고 내가 자기 때문에 화가 났다고 생각했던 것 같다. 알렉스는 나를 보고 몸을 움츠렸다. "아니야, 너 때문이 아니야, 알렉스." 나는 불쌍한 알렉스에게 말했다. "내가 화가 난 건 고리타분한 사고방식을 떨쳐버리지 못하는 바보들 때문이야. 아무래도 너랑 나랑 더 열심히 노력하라는 하늘의 뜻인가 보다."

 어떤 것도 나를 꺾을 수 없고, 또 어떤 것도 우리를 가로막을 수 없었다. 알렉스와 나는 마리온과 열성적인 학생들의 도움을 받아 계속 연구를 밀고 나갔다. 우리는 새로운 물건들과 새로운 이름들을 알렉스에게 소개시켰고, 알렉스는 가끔(또는 자주) 반항하긴 해도 능숙하게 훈련을 따라오는 학생이 됐다. 1978년 여름, 우리가 함께 연구를 시작한 지 1년 뒤 알렉스는 7가지 물건의 이름을 맞추는데 80퍼센트의 정확성을 보였고 초록색과 붉은색, 이 두 가지 색깔을 배우기 시작했다. 알렉스는 우리가 실시했던 엄격한 테스트들을 아주 잘 해내서 나는 다시 한 번 국민 정신건강 연구소에 소액의 연구비를 신청할 수 있을 거란 감이 왔다. 내가 신청한 금액은 5,000달러밖에 되지 않았다.

 이번에는 드디어 통과됐다. 그 해 9월에 받은 핑크색 요약문에서 나는 그들이 내 제안을 '매력적'이라고 평가한 것을 읽었다. 심사위원단은 "알렉스는 아마 사람들이 키우는 앵무새 중에서 가장 좋은 대우를 받고 있는 앵무새일 것"이라고 썼다. 무엇보다도 그들은 다음과 같은 결론을 내렸다. "귀하의 연구비 신청에 대한 허가가 만장일치로 채택됐습니다." 나는 물론 환호작약했다. 하지만 이 기쁜 사건도 의외의 반전이 있었다. 연구비 신청은 형식상으로는 허가를 받았지만 실상 내가 받을 수 있는 연구비가 하나도 남아 있지 않다는 게 문제였다. 내 처지는 나아진 게 없었다. 연구비도 없고, 연구직도 없었다. 하지만 적어도 내겐 알렉스가 있었고, 알렉스가 이룬 성취가 늘어 갔고, 몇몇 학자들이 우리를 주목하기 시작했다. 우리는 더 많은 물건들과 파란 색을 하나 더 추가해서 열심히 전진했다. 나는 숫자와 관련된 물건의 형태에 대한 개념을 알렉스에게 가르치기 시작했다. 4각형으로 된 평평한 모양의 나무를 우리는 '사각형 나무'라고 가르쳤고, 삼각형은 '삼각형 나무'라고 가르쳤다. 나는 퍼듀에 있는 나무 세공 가게 직원들과 모종의 거래를 했다. 그들이 실험에 쓸 사각형과 삼각형 나무토막을 제공해주는 대신 나는 그들에게 쿠키를 구워주기로 한 것이다. 이런 실험 물품조차 지불할 연구비가 없었기 때문에 나는 항상 묘안을 생각해 내야했다. 소나무로 만든 것은 알렉스가 받자마자 물어서 쪼개버리기 때문에 결국 직원들은 단풍나무를 써서 실험재료를 만들어줘야 했다. 단풍나무는 훨씬 단단해서 씹어서 조각내기가 쉽지 않았다. 알렉스는 단단한 물체 씹는 걸 좋아했다.

훈련을 하면서 알렉스는 '아니야'라는 말을 배웠고, 그 뜻도 정확하게 알아들었다. 훈련을 시작하던 첫 해 알렉스는 불쾌하거나 부정적인 기분을 몇 가지 방식으로 표현했다. 예를 들어 훈련을 받을만한 기분이 아닐 때는 아주 큰 소리로

라라라라라, 라고 소리를 질렀다. 가끔은 이렇게 소리를 질렀는데도 우리가 못 알아들었을까봐 확실히 하기 위해 물려고 들기도 했다. 트레이너가 물어보는 물건의 이름을 대답하고 싶지 않을 때는 종종 그를 무시했다. 알렉스는 그냥 등을 돌리거나 갑자기 깃털을 부리로 다듬는데 온 신경을 집중했다. 그리고 물을 다 마셨다거나 물건의 이름을 맞춰야 하는 훈련에 싫증났을 때는 물그릇이나 그 물건을 던지는 것으로 의사를 분명하게 전달했다. 알렉스가 포도를 달라고 했는데 바나나를 주면 십중팔구 그 바나나를 준 사람은 바나나에 얻어맞기 일쑤였다. 알렉스는 거침없이 자신의 의사를 표현했다. 알렉스는 물건을 잘 못 구별하거나 틀린 답을 했을 때 나나 다른 트레이너로부터 '아니야'라는 말을 많이 들었다. 1978년 중엽에 나는 알렉스가 가끔 '아니야'라고 말해야 할 상황에 '아녀'라고 발음하는 것을 눈치 챘다. "좋아, 알렉스." 내가 말했다. "기왕 하는 거 제대로 발음해보자." 몇 번 훈련을 거친 후 알렉스는 수업을 받기 싫을 때처럼 힘든 상황에서 '아녀'의 발음을 '아니야'라고 정확하게 발음하게 됐다. 얼마 못가 그는 "아니야, 싫어"라는 뜻을 전달하는 데 그 말을 썼다. 알렉스가 '아니야'라는 말의 사용법을 얼마나 능숙하게 익혔는지 보여주는 한 예가 있다. 2차 트레이너인 캔디스 모튼이 1979년 알렉스와 훈련하고 있었다.

캔디스: 알렉스, 이게 뭐지?(사각 나무토막을 쥐고 있다.)

알렉스: 아니야!

캔디스: 자, 이게 뭐지?

알렉스: 사각 나무(뚜렷하지 않은 발음으로.)

캔디스: 사각, 더 정확하게 말해봐.

알렉스: 아니야.

캔디스: 해봐!

알렉스: 삼...페이퍼.

캔디스: 알렉스, 사각 해봐. 사각.

알렉스: 아니야!

캔디스: 제발 해봐!

알렉스: 싫어!

알렉스는 그날 고집을 많이 부렸고, 훈련을 받지 않겠다는 의지를 '아니야'라는 표현을 써서 분명하게 나타냈다.(알렉스는 나이가 들면서 이런 면에서 점점 더 창조적인 표현들을 사용했다.) 연습해서 결과를 내야 하는 트레이너 당사자가 아니라면 이 상황은 분명 아주 재밌었을 것이다. 이런 식으로 부정적인 표현을 사용했다는 것은 알렉스의 언어발달 단계가 상당히 높아졌다는 것을 뜻한다. 캔디스와 이런 연습을 거친 지 몇 달 후 나는 알렉스와 훈련을 하고 난 후 자신있게 일기에 썼다. "알렉스는 '아니야'라는 개념을 아주 분명하게 알고 있다!" 이때쯤 알렉스는 코르크와 사랑에 빠져 있었다. 9월의 이 특별한 날 알렉스는 코르크 중에서도 아주 좋은 품질의 코르크만 달라고 했다. 알렉스는 코르크 한 개를 받아서 2분 동안 행복하게 그 코르크를 헤집어 놨다. 코르크를 3분의 2쯤 망가뜨렸을 때 알렉스가 그것을 떨어뜨렸다. "코르크." 알렉스가 요구했다. "네 코르크 있잖아, 알렉스." 내가 말했다. "아니야!" 알렉스는 아직 덩어리가 크게 남은 코르크를 부리로 집었다가 바닥에 던졌다. 알렉스가 사람이었다면 목소리에 비아냥거리는 기미가 있다고 생각했을 정도였다.

나는 알렉스에게 새 것은 아니지만 큰 코르크 조각을 줬다. 알렉스는 내 손에서 코르크를 낚아챘다가 다시 내게 던지면서 더 급하고 짜증 섞인 목소리로 "코르크!"하고 외쳤다. 그리고 흠이 없는 새 코르크를 줄 때까지 입을 꽉 다물고 있었다. "오늘 아침 내내 이런 식이었다"라고 나는 썼다. 나는 알렉스가 물건의 이름을 배우고 자신이 원하는 바를 표현하길 원했다. 이런 내 소망은 얼마만큼은 실현된 것 같다. 우리 관계의 초입에서도 이처럼 알렉스는 이미 자신이 '새 대가리'가 아니라는 걸, 기존 과학계에서 뭐라고 생각하건 간에 당당하게 드러내고 있었던 것이다.

| chapter 3 |
유랑자가 된 알렉스와 나

과학계에서 우리가 진행하는 혁신적인 연구를 진지하게 받아들이도록 노력하다 직면한 문제 중 하나는 이와 관련된 주제로 내가 쓴 간행물이 하나도 없다는 것이다. 학계는 출판된 논문 분량에 따라 그 학자의 가치가 정해진다. 내가 쓴 화학 논문은 몇 개 있지만 물론 그건 논외로 취급된다. 1979년 초 나는 알렉스가 사물의 이름을 정확하게 명명하는 걸 입증하는 충분한 데이터를 수집해서 미국 잡지 《사이언스》에 짧은 논문을 제출하기로 마음먹었다. 그 잡지는 저명한 일류 과학 잡지이기 때문에 나름 매우 야심찬 시도라고 할 수 있었다. 하지만 안 될 것도 없지 않는가? 1960년대 후반과 1970년대 초반 이 잡지는 가드너와 데이비드 프리맥과 다른 과학자들이 유인원과 인간 간의 의사소통에 대해 초기에 제출한 논문들을 실었다. 앵무새에 대한 논문 1호를 여기서 내지 말란 법도 없지 않은가?

나는 5월 초에 《사이언스》에 우편으로 논문을 보냈다. 《사이언스》에서 그 논문에 별 관심이 없다는 짧은 쪽지가 붙은 채 곧장 반송된 걸 보면 잡지 편집장은 논문을 일별할 시간마저 들이지 않은 게 아닐까 하는 생각이 든다. 논문에 대한 논평도 없었고, 심사위원의 건설적인 비평 한마디 없었다. 심사위원의 손도 타지 않은 채 나의 논문은 곧장 돌아온 게 분명했다. "나는 하루 종일 논문을 수정하고, 전화를 걸어대면서, 열을 냈다." 5월 23일 일기에 나는 그렇게 썼다. 그러다 물건의 형태를 가지고 알렉스를 훈련시키는 가브리엘이라는 학생이 한 말을 들었다. "불쌍한 알렉스. 죽어라고 노력하네!" 알렉스가 포기하지 않는데 나 또한 쉽게 포기할 수 없었다.

《사이언스》에 보낸 논문을 수정한 새 논문은 과학계에서 이 잡지와 양대 산맥을 이루는 영국 과학 잡지 《네이처》를 겨냥했다. 이 두 잡지는 실로 오랜 숙적으로 여러 사안과 정책에 대해 종종 다른 견해를 보였다. 하지만 내 논문에는 두 잡지 모두 고리타분한 사고방식을 고수해선지 《네이처》에 보낸 새 논문 역시 아무런 반응도 얻지 못한 채 문전박대 당했다. 나는 그야말로 묵사발이 된 기분이었다. 알렉스 역시 다른 이유에서겠지만 아주 낙담한 기색이었다. "알렉스가 온종일 심통만 부렸다"라고 나는 일기에 썼다. "색깔 구분을 하려들지 않고 물어볼 때마다 분홍색과 초록색, 혹은 있지도 않은 파란색이라고 대답했다. 테스트조차 할 수 없었다. 제기랄!" 물론 그날만 그렇게 부루퉁했지 다음날 알렉스는 다시 제 기량을 찾았다.

알렉스는 이제 종이, 나무, 가죽(생가죽), 열쇠와 같은 물체의 이름을 답할 수 있을 만큼 우리가 훈련시켰던 물체들을 구분할 수 있게 됐고 몇 안 되지만 색깔의 이름도 맞힐 수 있었다. 알렉스는 색깔보다는 물체에 더 관심을 보였는데 아마 색깔은 모두 같은 맛이 나지만 물체는 맛도 다르고 감촉도 달라서였을 것이다. 그동안 알렉스는 초록색 물건 혹은 파란색 물건이 열쇠가 아닌 다른 물건이란 것만 알았는데 이제 물체와 색깔을 새롭게 조합하여 예를 들면 이건 파란색 열쇠라고 구분해서 말해야 하는 과제에 도전했다. 언어학에서 이 능력은 분절이라고 한다. 분절이란 두 음절을 분해했다가 다시 적절하게 조합할 수 있는 능력을 뜻한다. 처음에는 나무로 만든 구식 빨래집게를 가지고 이 훈련을 해봤다. 알렉스는 이 빨래집게 씹는 걸 아주 좋아했다. 우리는 이 빨래집게를 '집게 나무'라고 불렀는데 알렉스는 그 단어를 아주 빨리 배웠다. 그 다음에 나는 알렉스가 한 번도 본 적이 없는 초록색 빨래집게를 보여주면서 물었다. "이건 뭐지?" 알렉스는 이 집게를 보자 머리를 두어 번 꼬았는데 새로운 물건을 보면 종종 그렇듯이 왕성한 호기심을 보였다. 그러다 알렉스가 나를 보면서 말했다. "초록색 나무 집게 나무." 이 단어들을 한 번에 말했다. 우린 알렉스에게 한 번도 어떻게 대답하라고 시범을 보여준 적이 없기 때문에 실로 놀라운 일이 아닐 수 없었다. 물론 정답은 '초록색 나무집게'이다. 하지만 대답한 것으로 보아 알렉스는 어떻게 해야 하는지 방법은 확실하지 않지만 이 단어들을 모두 합쳐서 대답해야 한다는 것을 알고 있었던 것으로 보인다. 정답을 어떻게 말해야 한다는 시범을 보였을 때 알렉스는 대번에 이해했다. 호두알만한 두뇌를 가진 동물이 이렇게 언어적으로 까다로운 훈련을 시켰더니 기차게 출발한 것이다. 이거야말로 기운이 절로 날 일 아닌가!

이보다 더 고무적인 일은 7월 10일에 받은 편지였다! "NSF(국립 과학재단)에서 희소식이 날아왔다"라고 나는 일기장에 썼다. "1년 치 연구자금을 받게 될 모양이다!" 국민 정신건강 연구소에서 퇴짜를 맞자 동료들이 국립 과학재단은 내 연구에 관심을 가져줄지 모른다고 말했었다. 나는 동료들의 충고에 따라 1979년 초 제안서를 제출했는데 드디어 성공한 것이다. 나는 한껏 들떠서 소리를 지르면서 주위를 뛰어다니며 손뼉을 쳤다. 불쌍한 알렉스는 내가 왜 그런지도 모르고 나의 난폭한 행동에 한껏 겁을 집어먹었다. "괜찮아,

알렉스. 무서워하지 마. 우리가 기금을 받았어. 이제 다 잘 될 거야!" 알렉스는 미더운 기색이 아니었다.

초기에 연구비를 지원받고 논문을 출판하려고 애를 쓰고 있을 때는 유인원과 인간의 의사소통 영역에서 논란이 점점 커져가던 때였다. 이 분야 연구의 정통성에 대한 반론이 빗발쳤다. 가드너, 데이비드 프리맥, 로저 파우츠, 드웨인 럼바우와 수 새비지, 린 마일즈, 페니 패터슨 같은 이 분야의 선구자들은 유인원 실험 대상들과 의사소통하기 위해 어떤 때는 수화를, 또 다른 경우에는 자의적인 상징과 같은 다양한 방법을 사용했다. 유인원들은 물건의 이름을 알아맞힐 뿐 아니라 새로운 어구를 만들어내는 데도 상당한 진전을 보였다. 예를 들어 로저 파우츠가 돌보고 있는 '와쇼'라는 이름의 침팬지는 백조를 처음으로 봤을 때 '물새'라는 표현을 만들어냈고, 페니 패터슨의 연구 대상인 고릴라 코코는 기린을 '하얀 호랑이'라고 묘사했다. 이 연구들은 대중의 관심을 많이 끌고 있었다.(노바 프로그램은 그 일부에 지나지 않는다. 잡지와 신문 기사 또한 급격히 증가했다.) 하지만 언어학자들은 이 동물들이 기초적인 언어 사용 능력을 보였다는 과학자들의 주장에 대해 점점 불편한 심기를 드러냈다.

언어란 주제는 과학뿐만 아니라 감정적으로도 항상 논란거리가 된 주제였다. 과학자들과 일반인들 모두에게 구어란 오랫동안 인간만이 가진 특성이자 우리(인간)와 그들(다른 모든 생물)을 가르는 결정적인 특징으로서 극히 신성하게 여겨졌다. 그와 마찬가지로 언어를 정의하는 좀 더 난해한 문제에 대한 논쟁 역시 아주 오랫동안 존재했다. 어쨌든 다른 동물들도 종종 소리를 내서 의사소통을 한다. 이것 역시 일종의 언어가 아닐까? 이런 늪과 같은 논쟁은 점점 더 기세를 더해 커져가고 있었다. 이 여정에 발을 들여놨을 때 물론 나는 이 논쟁의 스케일까지 알고 있었던 건 아니었다. 퍼듀에 와서 첫날 쓴 일기에 나는 순진하게도 이런 선포를 했었다. 〈알렉스(ALEX) 프로젝트 : 조류 언어 실험(Avian Language Experiment)〉— 알렉스란 이름은 다른 사람들이 생각한 것처럼 '영리한 알렉'이라는 희곡 제목을 따서 만든 것이 아니라 바로 이런 뜻으로 만든 것이었다. 알렉스라는 이름은 내 연구가 지향하는 바를 뜻했다. 즉 나는 유인원을 대상으로 했던 기존의 연구와 마찬가지로 앵무새에게 사물의 이름을 가르쳐서 앵무새와 인간 간의 의사소통을 계발하려고 했던 것이다. 이 역시 일종의 언어가 아니겠는가? 유인원을 연구하는 과학자들 역시 같은 소망과 목표를 지녔을 터이고, 그러므로 내가 그들의 선례를 따르는 것은 아주 자연스러운 일이었다.

하지만 비난은 점점 더 거세졌다. 유인원의 언어 작업은 실제 언어와 손톱만큼이라도 관련이 있는가? 이 과학자들은 자기기만 아니면 그보다 더 심각한 오류에 빠진 것 아닌가?

비평가들의 반응은 너무도 냉담했다. 나는 유인원의 언어를 연구하는 과학자들이 사용했던 용어를 그대로 쓴 것이 실책이었다는 것을 재빨리 깨달았다. 이렇게 되면 내가 실제로 의도하는 목표에서 멀어질 수 있었다. 인간도 아니고 영장류도 아니고 포유류도 아닌 동물, 즉 조류의 인지 능력을 탐구하고자 하는 목적을 위해서는 대중적으로나 학술적인 맥락에서 사용하는 기존의 용어들을 아주 조심스럽게 골라서 적용해야 한다는 사실을 깨닫게 되었던 것이다.

예를 들어 연구를 시작한 지 일 년쯤 됐을 때 나는 알렉스라는 이름이 어떤 뜻이냐고 물어보는 사람들에게 그것은 '조류 언어 실험(Avian language experiment)'이 아니라 '조류 학습 실험(Avian learning experiment)'이라고 좀 덜 도발적인 표현으로 설명했다. 학술 모임에서도 알렉스의 발성에 대해 좀 더 신중하게 '단어'가 아니라 '라벨(명명)'이라고 표현했다. 그리고 《사이언스》와 《네이처》에 기고했던 논문을 다시 수정한 논문의 제목은 "아프리카 회색 앵무새의 기능적인 발성법"이라고 이름 붙였다. 나는 그게 신중한 처사라고 생각했다. 단어는 라벨이 될 수 있고, 라벨은 단어가 될 수 있다. 이 또한 아주 위험한 논리일 수 있지만.

나는 이제 아주 길어진 논문 초안을 1980년 1월 독일 잡지인 《동물심리학회》에 보냈다. 동료 하나가 알렉스를 훈련시키는 데 기초가 된 라이벌—모델 테크닉에 대해 토드가 쓴 논문이 실린 잡지가 바로 이 잡지라고 일러줬던 것이다. 흥미롭게도 그보다 한 달 전인 1979년 11월 말 《사이언스》에서 허버트 테라스와 몇몇 동료들이 쓴 〈유인원이 문장을 만들 수 있을까?〉라는 제목의 긴 논문을 실었다. 이 논문은 점점 커져가는 논란 속에서 일종의 고전이 됐다. 개종자보다 더 열정적인 사람은 없는데 허버트 테라스가 그런 열렬한 케이스였다. 뉴욕 콜럼비아 대학의 정상급 심리학자인 테라스는 얼마 전까지만 해도 '님 촘스키'(저명한 언어학자인 노암 촘스키의 이름을 희화한 이름)라는 유인원을 대상으로 한 연구를 진행해 오면서 유인원 언어 분야의 강력한 옹호자 역할을 했었다. 그러니 테라스의 주장은 학계에서도 진지하게 받아들일 수밖에 없었다. 《사이언스》에 실린 테라스의 논문은 일종의 참회록과 같았다. 〈유인원이 문장을 만들 수 있는가?〉란 물음에 대한 그의 대답은 "절대 아니올시다"라는 것이었다. 테라스는 논문에서 유인원 '님'의 수화를 극도로 세세히 분석했다. 그는 처음 '님'의 자발적인 '발성'에서 문법 체계가 있다는 증거를 찾을 수 있을 거라고 예상했다고 한다. 하지만 그간 수집한 데이터에 따르면 '님'이 한 수화는 인간 조련사들이 무의식중에 보낸 신호를 따른 것뿐이었다고 그는 밝혔다. 다시 말하면 '님'은 자발적으로 자신의 의사를 표현한 것이 아니라 조련사의 미묘한 신호를 따랐다는 것이다.

《사이언스》에 실린 테라스의 논문은 유인원의 언어 연구 분야에 큰 타격을 입혔는데 반 년 만에 또 다른 치명적인 사건이 발생했다. 두 번째는 첫 번째보다 규모 면에서나 이 분야의 신뢰성을 실추시키기 위해 동원한 신랄한 표현에 있어서나 한층 더 큰 위력을 발휘했다. 이는 1980년 5월 뉴욕 과학 아카데미가 찬조하고 언어학자인 토마스 시벅과 심리학자인 로버트 로젠탈이 조직한 총회에서 일어났다. 그 총회의 이름은 〈영리한 한스 현상, 말, 고래, 유인원과 사람들의 의사소통〉이었다. 이 총회는 동물 언어 연구자들의 작업을 비난하기 위해 기라성 같은 과학자들이 한데 모인 대대적인 행사였다. 총회의 주도적인 분위기는 "그들은" 말할 수 없고 오로지 "우리만" 말할 수 있다는 오랜 편견을 전제로 하고 있었다. 내가 그 총회에 참석했던 이유는 저명한 과학자들을 생전 처음으로 만나보고 싶은 이유도 있었다. 나는 그 자리에서 돌고래 의사소통 전문가인 다이애나 레이스와 같은 소장파 과학자들을 만나볼 수 있었다. 다이애나와 나는 만나자마자 마음이 잘 통해서 그때부터 오랜 우정을 쌓아갔다. 그녀와 나는 우리 분야가 곧 맹공을 당할 거라는 건 알고 있었지만 뉴욕 루즈벨트 호텔의 우아한 회의실에 모인 청중들 사이에 감돌던 신랄한 분위기에는 어떤 대비도 하지 못한 상태였다.

'영리한 한스'는 1900년대 유행했던 경쾌한 희가극에서 공연한 독일산 말의 이름이다. 한스의 주인인 빌헬름 폰 오스텐은 관객의 질문을 받았다. 가끔은 1부터 12 사이의 숫자가 답인 질문도 나왔다. 그러면 한스는 바닥에 대고 발굽을 두드리다가 정답이 나오면 멈추는 식으로 대답했다. 이 영리한 말은 센세이션을 일으켰다. 말이 더하기도 하고 빼기도 할 수 있다니! 독일어로 하는 질문을 알아듣는 말이라니! 어떻게 한 거지? 실상은 알고 보니 한스가 발을 굴릴 때 정답이 나오면 오스텐이 무의식적으로 머리를 약간 기울였는데 그걸 알아차린 것이었다. 놀라운 일은 오스텐 자신은 그렇게 머리를 움직인다는 걸 전혀 의식하지 못했다는 것이다. 즉 자신도 모르는 사이에 오스텐은 한스에게 힌트를 줬고, 한스는 수리적으로 영리했던 게 아니라 시각적 인지력이 뛰어났던 것이다.

총회 제목과 그 제목이 암시하는 바를 보면 시벅과 로젠탈이 인간과 동물 간 의사소통 분야를 어떻게 생각하는지는 바보가 아닌 다음에야 다 알 수 있었다. 총회에 참석한 연사들 중에는 서커스 동물들을 훈련시키는 조련사들과 총회의 결론을 강조하기 위해 참석한 마법사도 한 명 있었다. 시벅과 부인인 잔느 우미커 시벅은 총회가 시작되기 전에 원고를 하나 돌렸는데, 그 내용을 보면 유인원 언어 연구자들은 "근본적으로 서커스 같은 공연에 참여하게 된 것이다"라는 요지의 글이었다. 《사이언스》 기자인 니콜라스 웨이드는 나중에 이렇게 썼다. "유인원 언어 연구자들이 이런 사자 굴에 발을 들여놓을 생각을 했다는 것 자체가 놀라웠다."

대부분의 유인원 언어 연구자들은 이 총회에 참석하지 않았다. 드웨인 럼바흐와 수 새비지만 연사로 등장했을 뿐이다. 다이애나와 나는 이런 학계 우상들이 온 몸을 던져 전투에 뛰어드는 모습을 보며 아연실색했다. 수 새비지는 시벽의 공격에 대해 "기술적으로나 논리적으로 오류로 가득 찬, 독기를 품은 비판"이라고 표현했다. "이들의 논평은 자신들이 얼마나 무식한지를 '창피할 정도로' 철저하게 드러냈다"고 그녀는 덧붙였다. 시벽은 컨퍼런스가 끝난 기자 회견에서 자신의 입장을 이렇게 요약했다. "유인원들과 언어 실험을 한다고 주장하는 과학자들은 크게 세 그룹으로 나뉜다. 첫 번째는 그야말로 100퍼센트 사기꾼이고, 두 번째 그룹은 자기기만을 하는 과학자들이고, 세 번째는 허버트 테라스가 한 그런 실험을 하는 과학자들이다."

맙소사! 과학계가 논쟁에 열광한다는 건 알고 있었다. 하지만 이 정도일 거라고 누가 상상이나 했을까? 그녀가 근무하는 부서에 제출한 보고서에서 다이애나는 이렇게 썼다. "이 총회에 참석해서 내린 한 가지 결론은 과학자들이 동물은 차치하고 자신들끼리 의사소통을 할 수 있는 건지 그것조차 의문이라는 점입니다." 돌이켜 생각해보면 《사이언스》와 《네이처》의 편집장들이 왜 내 원고에 손도 대기 싫어했는지 이해할 수 있었다. 그들은 주류학계의 격렬한 비난이 몰려오리란 것을 이미 알고 있었던 것이다. 이런 세기의 격돌이 벌어지기 전에 NSF 연구 기금을 받다니. 천만다행이라고 나는 생각했다. 하느님이 보우하사 내 새 원고는 동물의 사고에 대해 긍정적인 의문을 갖는 것이 의미 있는 일이고, 우리의 연구 방법이 가치가 있다는 걸 보는 안목 있는 편집장의 손에 있다니 참으로 다행이었다. 나는 아직 놀라움을 떨쳐버리지 못한 채 총회가 끝난 후 퍼듀로 돌아왔다.

실험실로 들어가 알렉스 새장 앞에 처진 커튼으로 다가가자 이제는 익숙해진 알렉스의 "이리 와"란 목소리가 들렸다. 커튼을 한쪽으로 밀자 알렉스가 거기서 날 기다리고 있었다. 알렉스는 얼마 전 배운 말을 내게 했다. "사랑해." 학생들에게 배운 말이었다. 나는 새장 꼭대기에 앉아 내가 돌아오자 반가워서 어쩔 줄 모르는 알렉스에게 다가갔다. 알렉스가 날개를 살짝 치켜 올리면서 한 발을 조금 들자 나는 새가 앉을 수 있게 손을 내밀었다. 알렉스가 손에 내려앉자 나는 "고마워, 알렉스"라고 말해 주었다. "우린 앞으로 어떻게 될까……?" 알렉스는 별로 걱정하지 않는 것 같았다. 그는 행복하게 깃털을 다듬었다.

우리는 물론 이때쯤엔 이미 어느 정도 가까워졌다. 때때로 우린 하루에 8시간 정도 같이 있었다. 그러나 알렉스 프로젝트를 시작할 때부터 나는 이 회색 앵무새를 훈련시키고 테스트할 때 전문적으로 엄격하게 대하자고 굳게 다짐했다. 어쨌든 내 근본은 자연과학자이니까. 높은 수준의 신뢰도를 맞추려면 내 데이터가 흠잡을 데가 없어야 했다. 그러려면 감정에 사로잡혀 판단을 그르쳐서도 안 되고, 알렉스에게 너무 정을 줘서도 안 된다. '영리한 한스' 총회에서 벌어진 격론을 지켜본 후 나는 아무리 힘들더라도 내 연구의 신뢰도를 완벽하게 지키기 위해서는 가능한 한 알렉스와 나 사이에 감정적인 거리를 유지해야 한다는 마음을 다졌다. 물론 그건 아주 힘든 일이었다.

알렉스와 나는 퍼듀에서 7년 넘게 지내면서 유랑자처럼 얼마 안 되는 소지품을 꾸려 이 실험실에서 저 실험실로 옮겨 다녀야 했다. 나는 끊임없이 좀 더 영구적인 공간을 바라며 찾아 다녔지만 결코 그런 공간은 구하지 못했다. 우리의 이런 방랑에는 성서에 나오는 이야기를 떠올리게 하는 재미있는 일화도 있었다. 정처 없이 실험실을 찾아다니는 와중에 두 번이나 실험실에 물난리가 나서 나는 한밤중에 물이 점점 차오르는 곳에서 겁을 잔뜩 집어먹은 알렉스를 구해내야 했다. 또 다른 역경은 바퀴벌레들이 끊임없이 말썽을 피워대는 일이었다. 우리가 어딜 가든 실험실 옆방들은 정기적으로 바퀴벌레를 제거하기 위해 소독약을 뿌렸지만 우리가 머무는 실험실은 알렉스에게 해가 될까봐 그렇게 하지 못했다. 그러니 옆방에서 도망 나온 바퀴벌레 군단이 우리 방으로 피신을

오는 모양이었다. 말 그대로 우린 매주 책상 서랍 속까지 청소기를 써서 바퀴벌레를 빨아내고 바닥은 알코올을 뿌렸다. 또한 그 끔찍한 놈들을 덫을 놓아 잡으려고 알렉스의 새장 주위에 끈끈이도 설치했다. 하지만 그 끈끈이는 별 효력이 없었고, 가끔 아침에 보면 알렉스가 마시는 물그릇에 바퀴벌레들이 들어가 있기도 했다. 나도 역겨워했지만 알렉스 역시 그 바퀴벌레들을 보며 몸서리를 쳤다.

1979년에 NSF에서 연구 기금을 주겠다는 소식이 왔고, 나도 마침내 그럴싸한 자리를 맡게 돼서 우리의 생활은 전보다 조금 더 안정을 찾았다. 나는 1년간 말단 연구직을 맡게 됐다. 상황은 조금씩이지만 분명 점점 더 호전됐다. 나는 여러 지역과 국내 동물 행동 모임에서 발표를 하기 시작했다. NSF의 연구 기금은 1년 더 연장됐다. 내 논문은 1981년 초에 독일 잡지에 실렸다. 동료들 사이의 반응은, 흠······ 잠잠했다고 표현하는 게 좋겠다. 하지만 덕분에 알렉스에 대한 대중 인지도가 오르기 시작하더니 처음에는 과학잡지 《옴니》에 실리고 그 다음에는 《뉴욕타임스》에 부분 인용되었다가 우리가 살고 있는 지역 텔레비전 방송국의 인기 과학 채널인 〈과학 82〉에서 알렉스에 대한 방송을 했다. 하지만 좋은 일에는 항상 나쁜 일도 따르는 법. 우리 과에 있는 더 많은 사람들이 우리의 '실험적인' 연구 작업과 아이디어에 대해 공개적으로 지지할 의사를 비쳤지만 그만큼 공공연하게 우리를 중상하는 사람들도 생겼다. 어쨌든 우리의 앞날에 장애물도 있겠지만 우리는 옳은 방향으로 나아가고 있었다. 알렉스와 나는 사람들에게 새의 두뇌라는 것이 정말로 어떤 의미가 있는지 확실하게 보여줄 참이었다.

우리는 알렉스가 정확하게 사물의 이름을 명명할 수 있다는 것을 이미 보여줬는데 기존 통념에 따르면 알렉스는 그런 일을 할 수 없다고 나와 있다. 알렉스는 정확하게 사물의 색깔을 말할 수 있었는데 그것 역시 할 수 없다고 사람들은 미리 단정하고 있었고, "아니야"라는 말을 구체적으로 사용할 수 있었는데 그것 역시 새가 할 수 있는 일이 아니라고 되어 있다. 알렉스는 이제 색깔과 형태 같은 개념을 좀 더 고차원적인 수준으로 이해하는 중이었다. 물건을 하나 주면 정확하게 '초록색 열쇠'나 '사각형 나무'라고 말하는 것은 기본적인 인식에 해당한다. 그러나 파란 세모 종이나 붉은 사각 가죽을 보여주며 "무슨 색깔이야?" 혹은 "무슨 모양이야?"와 같은 개별적인 질문을 하고 여기에 정확하게 대답하는 것은 또 다른 차원의 능력을 요하는 일이다.(언제부턴가 훈련시킬 때 종이를 주는 것은 포기해야 했다. 알렉스가 종이를 씹을 때마다 식물 염료가 새어나와서 부리와 깃털과 발과 횃대에 묻고 결국엔 트레이너들까지 옷에 묻어서 색깔 범벅이 됐기 때문이다.) "어떤 색깔?"과 "어떤 모양?"을 정확히 대답하기 위해서는 알렉스는 라벨(이름)자체만 가리키는(답하는) 게 아니라 '초록', '파랑', '삼각형', '사각형'과 같은 색깔과 형태라는 범주의 개념을 이해해야 했다. 알렉스는 훈련받은 지 3년째 되던 해에 그 테스트에 합격했는데 물론 그때까지의 과학적 통념에 따르면 그것도 할 수 없어야 했다. 나는 1983년 출판한 또 다른 과학 논문에서 이런 점들을 상세하게 밝혔다. 지금까지 알렉스가 할 수 없다고 간주된 모든 것은 그가 새라는 사실 하나 때문이었다. 그런데 알렉스는 성공한 것이다.

한편 알렉스는 실험실에서 이런저런 장난을 칠 궁리만 하고 있었는데, 그것 역시 알렉스가 할 수 없다고 했던 일이었다. 문제는 회색 앵무새는 물건을 씹는 걸 광적으로 좋아한다는 것이었다. 그것이 그들의 본성이다. 하지만 알렉스는 거기에 한술 더 떠 전화선과(그래서 내 전화선뿐 아니라 다른 두 교수의 전화선까지 망가뜨렸다) 몇 주씩 힘들여 준비한 강의 슬라이드 같은 중요한 물건들을 씹는 걸 좋아했다. 그것뿐이 아니었다. 1979년에 알렉스는 NSF에서 처음 연구비를 받게 해준 내 제안서를 공략했다. NSF 심사위원단은 분명 그 제안서에 깊은 감명을 받은 눈치였지만 심사위원들보다 먼저 그 제안서를 검토한 것은 알렉스였다. 나는 그 전날 밤과 다음 날 아침 내내 시간을 몽땅 다 들여 내 모든 희망을 담은 20페이지에 달하는 제안서를 빌려온 전자 타자기에서 마지막으로 수정했다. 나는 그 제안서를 단정하게 정리해서 책상에 놔두고 동료와 만나 점심을 먹으러 나갔다. 대실수를 한 것이었다.

점심을 먹고 돌아와 보니 제안서의 가장자리 대부분이 심하게 씹혀 있었다. 도저히 그대로 제출할 모양새가 아니었다. 나는 어쩔 수 없이 그 제안서를 처음부터 다시 타자로 쳐야 했다. 제기랄! 서류를 복사해서 우편으로 보내야 하는데 몇 시간 밖에 남지 않았다. 나는 이런 상황에서 사람들이 종종 그러는 것처럼 비이성적으로 반응했다. 나는 꽥 비명을 지르면서 멍청하게도 알렉스에게 소리를 질렀다. "어떻게 이런 짓을 할 수가 있어? 알렉스." 진정 또 진정, 알렉스는 앵무새잖아. 알렉스는 그러자 최근에 비슷한 상황에서 배운 행동을 취했다. 그는 몸을 조금 움츠리더니 나를 보고 말했다. "미안해…미안해." 그 말을 듣자 내 고함소리가 쑥 들어갔다. 나는 알렉스에게 다가가서 사과했다. "괜찮아, 알렉스. 네 잘못이 아니야."

알렉스는 어떻게 '미안해'란 말을 배우게 됐을까? 제안서를 씹어버린 사건이 터지기 얼마 전 알렉스는 높은 횃대에 앉아 있고 우린 그냥 같이 있었다. 나는 커피를 마시고 있었고, 알렉스는 깃털을 다듬으면서 만족스럽게 꼴꼴거리는 소리를 내고 있었다. 나는 횃대 밑에 커피 잔을 놔두고 화장실에 갔다. 돌아와 보니 바닥에 커피가 엎질러져 있고 부서져 조각난 커피 잔 사이를 알렉스가 걸어 다니고 있었다. 나는 알렉스가 다쳤을까봐 깜작 놀라서 소리를 질렀다. "어떻게 그런 짓을 할 수가 있어?" 알렉스는 아마 뭔가를 보러 갔다가 커피 잔을 건드려서 바닥에 떨어뜨렸을 것이다. 단순한 사고였던 것이다. 제 정신을 차리고나자 나는 멍청하게 소리를 지르고 있다는 걸 마침내 깨달았다. 알렉스가 무사한지 몸을 숙여서 확인하고 나는 말했다. "미안해…미안해." 알렉스는 분명 "미안해"라는 말이 긴장되고, 화가 나고, 위험할 수도 있는 순간을 진정시키는 것과 관계가 있다는 것을 그때 알게 됐을 것이다. 그래서 알렉스는 제안서를 씹어서 내가 다시 어리석게도 소리를 지르자 그 방법을 쓴 것이다. 자, 이쯤 되면 도대체 새 대가리는 누구냐고요?

알렉스는 점점 더 세련되게 "미안해"라는 사과의 말을 하기 시작했다. 보통 알렉스는 마음만 먹으면 열심히 연습하고 테스트에서 아주 좋은 성과를 거둘 수 있지만 내키지 않으면 좀체 하려고 들지 않았다. 대개 연습하기 싫을 때는 우리를 무시하거나, 깃털을 고르거나 "돌아가고 싶어"란 말을 한다. 이 말은 자신의 새장으로 돌아가고 싶다는 뜻이다. 그러나 1980년 3월 말에 알렉스는 새로운 수법을 썼다. 그날 나와 학생인 수잔 리드는 알렉스를 테스트하려고 애를 쓰고 있었다. "알렉스는 테스트를 받으려 들지 않았다"라고 일기에 썼는데, 나 역시 그날따라 기분 나쁜 일이 있었던 것 같다. 그래서 알렉스의 그런 행동에 화가 나서 짜증났다는 것을 확연히 드러낸 채 실험실을 다짜고짜 나가려고 했다. 그때 "미안해……"라는 말이 들렸다. 알렉스였다. 나는 다시 돌아왔다. '이것 봐라, 정말로 미안하다는 뜻일까?' 그날 시간이 조금 흐른 후에 또 다른 학생인 브루스 로젠이 알렉스와 플라스틱 컵 하나를 가지고 놀면서 훈련을 하고 있었다. 알렉스가 실수로 그 컵을 쳐서 바닥에 떨어뜨렸다. 알렉스는 내가 그를 쳐다보고 있다는 걸 모르고 있었다. 그때 알렉스가 이번에는 브루스에게 다시 같은 말을 했다. "미안해." 나는 알렉스에게 다가가 말했다. "괜찮아, 알렉스. 우린 다 용서했어."

나는 그날 저녁 일기에 이렇게 썼다. "알렉스가 정말로 이해했을까?" 내 말은 우리가 "미안해"라고 말할 때 느끼는 것처럼 알렉스도 후회나 양심의 가책을 느낄까? 라는 의미였다. 아니면 그건 그냥 사람들의 분노를 진정시키기 위한 하나의 수단일까? 어떤 의도로 했건 그 말은 아주 효과적인 의사소통 수단이었다. 알렉스는 점점 더 나이를 먹으면서 좀 더 불쌍하게 그 말을 하기 시작했다. "미안해, 정말 미안해." 이런 어조로 사과 할 때마다 알렉스의 마음이 진심이건 아니건 분노와 스트레스는 그 자리에서 그만 눈 녹듯 녹아버렸다.

전화선을 씹은 사건 후로 학생들은 실험실에 알렉스만 남겨두지 말라는 지시를 받았다. 아무리 짧은 시간이라도 알렉스만 혼자 있으면 말썽을 일으킬 소지가 다분했다. 그래서 학생들은 한동안 나가 있어야 하면 알렉스를 새장에 넣어 두었다. 알렉스는 그걸 별로 좋아하지 않았다. 화장실에 잠깐 다녀와야 하거나 알렉스가 낯선 사람들에 대한 두려움이 사라졌을 때 학생들은 가끔 알렉스를 데리고 화장실에 갔다. 알렉스는 화장실에 따라가는 걸 좋아했고, 특히 낯선 사람이 들어오면 휘파람을 불거나, "땅콩 줘", "옥수수 줘" 같은 말을 하면서 뽐낼 수 있어서 더 반겼다.

이렇게 화장실에 드나들면서 또 다른 문제가 생겼지만 그 전에 일단 옆길로 새는 딴 이야기를 잠깐 해야겠다. 실험 초기부터 나는 알렉스에게 들키지 않고 알렉스를 관찰하기 위해 실험실에 양면 거울을 사용할 계획이었다. 하지만 알렉스는 그 거울을 보지 못하도록 새장을 기울여 놓을 생각이었다. 그런데 일은 내가 원하던 대로 돌아가지 않았다. "오늘 알렉스에게 '거울에 비친 새'를 소개시켜줬다"고 나는 일기에 썼다. "알렉스는 정말 별나기도 하지. 그는 거울에 비친 자신의 모습을 보고 혼비백산했다." 물론 알렉스가 무슨 생각을 했는지 우리는 알 길이 없었다. 하지만 내가 그때까지 거울을 가리고 있던 막을 열어젖히자 갑자기 빙에 창문이 하나 나타났다. 알렉스는 그걸 보고 "또 다른 새"가 있는 것을 알아차리고는 눈에 띌 정도로 놀란 모습이었다. "알렉스는 놀라서 보호를 받으려고 내게 기어올 정도였다. 그걸 보면 알렉스가 얼마나 기겁을 했는지 알 수 있었다"라고 나는 일기에 썼다. 알렉스가 보는 각도로 봤을 때 자신이 이 낯선 생물과 어떤 관계가 있다는 걸 모를 거란 의심이 들었다. 심지어는 내가 거울을 봐도 다른 방에 또 다른 새가 있는 것처럼 보였으니까.

시간이 흐르면서 알렉스는 이런 상황에 점점 익숙해져 갔다. 학생들이 알렉스를 데려가는 화장실에는 세면대 바로 위에 아주 큰 거울이 있기 때문에 잘 된 일이었다. 알렉스는 거울 앞에 있는 작은 선반 위를 당당하게 올라갔다 내려갔다 하면서 시끄럽게 재잘거리다 주변을 둘러보면서 이런저런 명령을 내렸다. 그러다 1980년 12월 어느 날 캐시 데이비드슨이 화장실에 데려갔을 때 알렉스는 처음으로 거울을 주목하는 것처럼 보였다. 알렉스는 몸을 돌려서 거울을 정면으로 보다가 더 자세히 보기 위해 고개를 몇 번 앞뒤로 쫑긋 세우다가 말했다. "저게 뭐야?" "저건 너야." 캐시가 대답했다. "회색. 넌 회색 앵무새야, 알렉스." 알렉스와 캐시는 그 문답을 몇 번 더 되풀이했다. 그렇게 해서 알렉스는 회색이란 색을 배웠다. 우리는 그날 알렉스가 거울을 보면서 뭘 더 배웠는지, 거울에 비친 자신의 모습을 보면서 무슨 생각을 했는지 정확히는 모른다. 하지만 이제 공식적으로 거울 관찰을 하는 것은 불가능해졌다는 건 확실했다.

| chapter 4 |

배너리가 뭐야?

1984년 7월 4일 독립기념일은 우리가 인디애나 주 서부 라파예트 퍼듀대학에서 보낸 마지막 날이었다. 이삿짐을 나르는 인부들이 다른 물건을 싸는 동안 나는 알렉스를 새장에 넣고 실험실 짐을 싸서 대여한 스테이션 왜건에 실었다. 학생 한 명과 내가 왜건을 몰고 120마일을 달려 미시건 호 부근의, 시카고 시내에서 북쪽으로 16마일 떨어진 일리노이의 윌메트라는 마을로 갔다. 퍼듀에서 데이비드의 계약기간이 끝나서 이사를 해야 했던 것이다. 데이비드는 일리노이-시카고 대학에서 교수직을 잡았고, 나는 근처 에반스톤의 노스웨스턴 대학에서 1년짜리 임시직을 얻었다. 우리는 이사하는 내내 알렉스가 잠들기를 바라며 밤의 어둠 속을 운전해 갔다. 알렉스가 차에 탄 것은 시카고에서 처음 데려오던 그 끔찍한 드라이브 이후 처음이었다. 알렉스는 내내 한숨도 자지 않고 바짝 긴장하고 있었다. 새장 한쪽을 한쪽 발톱으로 단단히 잡고 있는 폼이 마치 뉴욕 시의 지하철 손잡이에 매달린 승객 같아 보였다.

우리는 끝도 없이 펼쳐진 옥수수 밭과 여름철 불청객인 토네이도를 지나쳤는데 덕분에 서부 라파예트의 인상이 그 토네이도로 완전히 굳어지고 말았다. 알렉스는 토네이도 때문에 무지무지 겁을 냈다. 그는 우리가 뭔가 알아차리기 훨씬 전부터 기압이 달라진 것을 느낄 수 있었을 것이다. 폭풍이 몰아치는 동안 알렉스를 달래준 것은 하이든의 첼로 협주곡뿐이었다. 그 음악을 들으며 알렉스는 황홀경에 빠져 부드럽게 몸을 움직이면서 감길 것 같은 실눈을 뜨고 있었다. 우리 앞에는 일리노이에서 보낼 새로운 삶과 새로운 모습의 알렉스가 기다리고 있을 것이다. 알렉스는 더 이상 낯선 사람들을 보고 불안해하거나 낯을 가리지 않았다. 오히려 그 반대라고 할 수 있었다. 무엇이든 요구하면 줬기 때문에 이 영리한 앵무새는 자신이 주변 환경을 지배하고 있다는 것을 배웠다. 알렉스는 그런 상황에 아주 흡족해했다. 내 친구인 바바라 카츠가 알렉스와 처음 만났을 때 단단히 배운 것처럼 알렉스는 새로운 사람들을 만나면 모두 자신의 뜻에 복종해야 한다는 것을 아주 빠르고 분명하게 주지시켰다. 바바라는 링컨 파크 동물원의 조류 담당자였는데 내가 에반스톤에 온

지 얼마 안 돼서 병원에 갔다가 만나게 됐다. 우린 금방 죽이 잘 맞는 친구가 됐다.

그 후 얼마 있다 나는 보스턴에서 열리는 회의 때문에 출장을 가야 했다. 나는 바바라에게 내가 없는 동안 알렉스와 학생들을 봐줄 수 있겠냐고 부탁했다. 그녀는 기꺼이 그렇게 하겠다고 대답했다. 동물원에서 오래 근무했기 때문에 그녀는 알렉스를 잘 다룰 수 있을 거라고 자신만만해 했다. 나중 그녀는 알렉스와의 만남을 이렇게 묘사했다.

나는 새를 다루는 데는 이골이 난 사람이라 아주 간단할 줄 알았어. 그날 오후 일찍 실험실에 도착했더니 알렉스는 낡은 목재 캐비닛을 기분 좋게 망가뜨리고 있었고, 학생들은 조금 떨어진 곳에서 의자에 앉아 항복했다는 표정으로 쳐다보고 있었어.

"안녕, 알렉스. 오늘 기분이 어때?"

"호두 줘." 알렉스는 노래를 부르는 것 같은 매력적인 목소리로 선언했지.

"알렉스." 난 아주 다정한 목소리로 말했어.

"넌 호두를 너무 많이 먹잖아. 네가 간식을 달라고 하면 과일을 주라고 이렌느가 말했어. 포도 먹을래?"

"호두 줘."

"호두 없어. 바나나는 어때?"

"호두 줘!"

"좋아. 딱 하나만이야."

나는 금속 통에 든 호두를 한 알 꺼내서 손에 올리고 내밀었지. 알렉스는 민첩하게 다가와서 냘름 먹어버렸어. 부리 주변에 부스러기만 남을 때까지 갉아먹었지.

"호두 줘."

"안 돼. 방금 하나 먹었잖아. 포도는 어때?" 아무래도 만만한 상대가 아니란 생각이 들더라.

"물 줘."

"그거 좋은 생각이야, 알렉스." 나는 작고 하얀 플라스틱 컵을 내밀었지. 알렉스는 두 모금 마시더니 내 손에서 그 컵을 잡아채서 오만하게 바닥에 던져버리더군.

이게 바로 알렉스의 새로운 모습이었다. 알렉스는 이제 노련하고 권위적인 보스가 된 것이다. 이사 오고 나서 며칠 동안 정신을 놓은 것처럼 굴어댄 것을 빼면 알렉스는 이제 점점 더 자신만만해지고 있었다. 그로부터 2주도 채 못 돼서 알렉스는 내가 회색 세모 나무토막을 보여주면서 "무슨 색이야?"하고 물었을 때 정답을 말했다. "회색." 그러더니 다음에는 "회색 나무"라고 답했다. "이 일은 긴 휴식기를 거치고, 새로운 실험실에서 새로운 사람들과 훈련도 하지 않았는데 일어난 일이다"라고 나는 일기장에 썼다. 알렉스가 놀라울 정도로 뛰어나게 해냈다는 데 너무 기뻐서 난 이런 식으로라도 강조하고 싶었던 것이다.

1983년 여름 데이비드가 일리노이 대학 교수직을 맡게 됐다는 걸 알았을 때 나는 또다시 허겁지겁 일자리를 찾아야 했다. 한번은 애머스트의 매사추세츠 대학에 있는 친구가 나와 알렉스가 일 년간 쓸 수 있는 실험실 공간을 제공하겠다고 하기에 거기로 갈까 하는 생각도 해봤다. 그러다 마지막 순간 노스웨스턴 대학 인류학과에서 1년 간 동물 행동을 가르칠 객원 조교수 자리가 생겼다. 나는 냉큼 그 자리를 낚아챘다. 그때 이런 생각을 했던 기억이 난다. '와, 직장이다. 좋아, 1년짜리 계약직이라 종신 재직권을 따낼 가능성은 없지만 어쨌든 일이 생긴 거잖아. 연구비도 있고, 돈을 받고 학생들을 가르치는 거야. 이만하면 괜찮아!'

인류학과 실험실은 호수를 끼고 있는 캠퍼스 북쪽 끝 스위프트 홀에 있었다. 노스웨스턴 대학 캠퍼스는 아주 근사했다. 나는 알렉스가 들어갈 스위프트 홀의 이층 방 하나를 받았고, 1층에 작은 사무실도 하나 생겼다. 실험실에는 변변한 가구도 없이 초라한 책상이 하나 있었는데 그 위에 알렉스의 새장을 올려놓았다. 알렉스는 실험실에 있는 금속으로 된 작은 접이식 의자에 앉는 걸 좋아했다. 사무실에는 책상 하나, 책꽂이 하나, 의자가 하나 있었다. 천장은 높았다. 전반적으로 그곳은 내 친구 말처럼 지하 감옥 같은 분위기가 풍겼다.

하지만 그곳은 우리 공간이었고 알렉스와 나는 그곳을 아주 잘 활용했다.

그곳으로 간 지 몇 달 후에 학생 하나가 실험실 일을 돕겠다고 자원했다. 대가로 그 학생이 키우는 앵무새를 훈련시켜주기로 했는데 그 앵무새는 그때까지 한 마디도 하지 않은 새였다. 그 앵무새가 세상에서 가장 좋아하는 것은 사과였다. 그래서 우리는 그 앵무새에게 '사과'라는 이름을 말하도록 훈련시켰다. 알렉스도 같이하기로 했다. 우리는 물건을 가지고 알렉스를 훈련시킬 때 한 번도 음식은 쓰지 않았기 때문에 이번만은 예외가 됐다. 알렉스에게 뭘 먹일 때마다 항상 이름을 말해주면서 먹였기 때문에 알렉스는 혼자서 '포도', '바나나', '체리'란 이름을 익혔다. 따라서 '애플(사과)'은 그가 네 번째로 배울 과일 이름이었다. 우린 그렇게 생각했다. 하지만 알렉스에게는 다른 꿍꿍이가 있었다.

슬슬 사과가 나오는 철이 끝나갈 무렵 알렉스는 '애플'이란 말을 제대로 발음하지 못하고 간신히 '프'라는 말만 할 수 있게 됐다. 거기서 더 진전은 보이지 않았다. 그리고 사과는 입에도 대지 않으려고 했다. 우리는 남반구에서 싱싱한 사과가 들어오는 내년 봄에 다시 훈련시켜보기로 했다. 몇 달 후 알렉스는 우리가 주는 사과를 선심 쓰듯이 조금 먹긴 했지만 여전히 '프'란 말밖에 하지 못했다. 그러다 갑자기 1985년 3월 중순, 훈련을 시작한 지 2주째에 알렉스는 사과를 골똘히 쳐다보다가 나를 보더니 "배너리…배너리 줘"라고 말했다. 그러더니 사과를 한 조각 잡아채서 신나게 먹었다. 그는 마치 그동안 열심히 추구하던 뭔가를 갑자기 성취한 것 같은 그런 뿌듯한 표정을 짓고 있었다. 하지만 나는 도대체 알렉스가 뭐라고 하는 건지 알 수가 없었다. 그래서 이렇게 말했다. "아냐, 알렉스, 사과야." "배너리." 알렉스는 재빨리 하지만 상당한 인내심을 가지고 이렇게 대답했다.

"사과." 내가 다시 말했다.

"배너리." 알렉스가 다시 대꾸했다.

'알았다, 알았어.' 나는 생각했다.

'내가 좀 더 쉽게 발음하도록 도와줄게.'

"애-플." 나는 두 번째 음절을 강조해서 발음했다.

알렉스는 잠시 나를 더 뚫어져라 보더니 내 리듬을 흉내 내서 '배-너리'라고 대꾸했다.

우린 이 2인극을 몇 번 더 되풀이했다.

"애-플", "배-너리", "애-플", "배-너리".

나는 슬슬 부아가 치밀기 시작했다. 알렉스가 일부러 바보 흉내를 낸다는 생각이 들었다. 이제 와서 생각해보면 내가 신경질적으로 반응했다. 나중에 학생 중 하나인 제니퍼 뉴튼에게 이런 이야기를 하자 그녀는 웃다가 의자에서 굴러떨어질 뻔 했다. 하지만 알렉스는 그걸로 끝낼 기세가 아니었다. 연습이 끝나갈 때쯤 알렉스는 마치 내가 자신에게 새로운 물건의 이름을 가르쳐줄 때처럼 그렇게 아주 천천히, 꼼꼼하게 "배-너-리"라고 발음했다. 아마 알렉스는 이런 생각을 했을지 모른다. '잘 들어봐요, 학생. 쉽게 배울 수 있게 내가 발음해주고 있잖아.' 하지만 나는 그날 일기에 "알렉스가 나 때문에 화가 난 것 같은 표정이었다"고 적었다.

알렉스는 분명하게 자신의 의사를 전달했다고 생각하고 있는 듯 했지만 난 여전히 알렉스가 무슨 말을 하는 건지 이해할 수 없었다. 열심히 훈련시켜도 알렉스는 '배너리'란 말만 고집했다. 아무리 우리가 '애플'이라고 말하게 하려 해도 알렉스는 마음을 바꾸지 않았다. 알렉스에게 애플은 어디까지나 '배너리'였고, 앞으로도 그럴 모양이었다. 며칠 후 나는 이 사건에 대해 언어학자인 친구와 이야기를 나눴다. 그는 이런 말을 했다. "이야기를 듣고 보니 어휘 생략 현상 같은데." 어휘 생략 현상이란 두 단어 중에서 각각 한 부분을 떼어 내서 새로운 단어를 만드는 현상을 그럴싸하게 표현한 용어다. 알렉스는 사과에서 바나나 맛이 조금 난다고 생각했던 것 같다. 그리고 사과는 아주 커다란 체리처럼 생겼다(내가 알렉스에게 준 것은 붉은 사과였다.) 그래서 '바나나+체리'= '배너리'란 신조어가 생겼다는 것이다.

그렇다면 알렉스가 의도적으로 이 말을 만들어낸 걸까? 분명 보기엔 그렇지만 이 의도란 것이 동물 행동을 다루는 세계에서는 논란이 큰 문제로, 동물에게 의도가 있다는 것을 증명하는 것은 극히 어렵다. 알렉스는 특히 새로운 이름을 배울 때 그 이름의 소리를 가지고 노는데 그것도 밤에 혼자 있을 때 그런 경우가 많다. 하지만 그 소리들은 대개는 아무 의미가 없는 것이다. 그리고 지금까지 알렉스는 '애플'을 배우는 연습시간이나 다른 비공식적인 환경에서 '배너리'란 말을 전혀 하지 않았다. 이는 분명 전에는 한 번도 목격되지 못한 새 두뇌의 창조성을 보여주는 한 면모이다. 물론 나는 이런 일화를 과학적인 사실로 기록할 수 없다. 알렉스가 정말로 애플을 배너리라고 부르기로 작정했으며, 절대로 마음을 바꾸지 않을 거라고 보고할 수도 없다. 이 사실은 다만 알렉스와 나 둘 사이에 일어났던 놀라운 일로 남아 있어야 했다.

현실적인 상황에 대비해 보면 1977년 봄 내가 처음 작성한 알렉스 프로젝트를 위한 제안서는 아주 야심찼다는 것을 인정해야 할 것 같다. 제안서에서 나는 내가 훈련시키는 회색 앵무새가 물체의 이름(단어들), 범주, 개념, 숫자를 3년 안에 익히게 될 것이라고 주장했었다. 다시 말해 회색 앵무새가 능히 인간과 의사소통을 할 수 있을 것이며, 자신이 한 말을 스스로 이해할 수 있을 것이라고 장담했던 것이다. 나는 내 회색 앵무새가 이 모든 목표를 달성할 수 있을 것이라고 자신만만해 했었다. 실제로 알렉스는 새로운 목표에 도전할 때마다 매번 새 두뇌로서는 해낼 수 없다고 사람들이 말한 일을 해냈다. 나는 기기, 걷기, 말하기와 같은 발달상의 각 단계를 아이가 넘어갔을 때마다 부모들이 환호하는 것처럼 알렉스가 하나의 목표를 이룰 때마다 기뻐서 어쩔 줄 몰라 했다. 알렉스 기사가 게재된 과학 출판물이 점점 늘어나고, 우리의 작업이 서서히 사람들의 관심을 끌기 시작하면서 나는 내가 단순히 '앵무새에게 말하는 여자' 이상의 존재로 사람들에게 받아들여지기 시작했다는 것을 깨달았다. 과학계에서 이제 나를 진지하게 받아들이기 시작한 것이다.

하지만 "어머, 그 새는 그냥 흉내를 내는 거야." 혹은 "그 새는 그냥 그 여자의 신호를 따라 하는 거야"와 같은 비판은 여전히 수그러들지 않았다. 적어도 당시 내가 파악한 주변 상황은 그랬다. 나는 알렉스와 내가 기계적인 속임수나 농간을 부리는 게 아니라 뭔가 더 중요한 일을 해내고 있다는 것을 거듭 증명해야 했다. 예를 들면 이런 것이었다. "오호라, 그 새가 물건들의 이름을 정확하게 발음할 수 있단 말이지, 그것도 아주 그럴듯하게 말이야. 하지만 자신이 하는 말을 그 앵무새가 정말로 이해하고 있을까? 정말로 자신의 부리에서 나오는 소음이 무슨 뜻인지 알고 있을까?"와 같은 공격에 대해서 말이다.

수백, 수천 시간을 알렉스가 하는 말을 듣고, 하는 행동을 보면서 나는 알렉스가 자신이 하는 말이 무슨 뜻인지 정확히 알고 있다는 것을 분명하게 알 수 있었다. 간단한 예가 있다.

알렉스가 "포도 줘" 했는데 바나나를 주면 알렉스는 바나나를 준 사람에게 그 바나나를 뱉으면서 고집스럽게 아까 했던 말을 반복해서 했다. "포도 줘." 알렉스는 포도를 줄 때까지 그 말을 그치지 않았다. 만약 아이와 상대하고 있는 상황이라면 아무런 이론의 여지없이 그 아이가 정말로 포도를 원하고 있으며 바나나로는 달랠 수 없을 것이라는 것을 인정하게 될 것이다. 그러나 과학은 이런 예를 허용하지 않는다. 과학에는 수치가 필요하고, 거듭 거듭 실험을 해야 하는데 때로는 60번 혹은 그 이상을 반복해서 그 답이 통계적으로 유효해야만 과학자들은 당신이 한 주장을 진지하게 고려할 것이다. 불쌍한 알렉스······.

노스웨스턴 대학에서 보낸 몇 년 동안(처음에는 1년 임시직이었는데 결국 6년 반을 머물렀다), 우리는 알렉스의 이해 능력에 대해 일련의 엄격한 테스트를 실시했다. 과학적으로 나는 알렉스가 모든 테스트에 합격했으며 우리 여정의 다음 부분으로 넘어갔다고 보고할 수 있다. 알렉스가 어떻게 그렇게 해냈는가를 하나하나 지켜본 나는 이 영리한 앵무새의 놀라운 인지 능력에 대한 통찰력을 얻을 수 있었는데, 그러나 그런 통찰력은 과학적으로 쉽게 분류될 수 있는 것이 아니다. 우리는 쟁반 위에 알렉스의 다양한 '장난감들'을 올려놓고 이런 질문을 했다. "어떤 물건이 초록색이지?" "파란색 세모는 뭐지?" "어떤 모양이 보라색이지?" "4각형은 몇 개나 있지?" 알렉스는 처음에는 대부분의 질문에 "열쇠", "나무", "모직", "3"과 같이 정답을 댔다. 하지만 얼마 안 가 알렉스는 신경질을 부리기 시작했다. 알렉스는 "초록색"이라고 말하고 쟁반에 있던 초록색 펠트 천을 부리로 잡아당겼는데 아주 세게 잡아당겨서 쟁반에 있던 물건들이 모두 떨어져버렸다. 아니면 '쟁반'이라고 말하고는 쟁반을 물어뜯기도 했다. 혹은 가끔은 아무 말도 안 하고 있다가 갑자기 깃털을 고르기도 했다. 또 때로는 휙 돌아서서 내가 있는 쪽으로 엉덩이를 치켜들었는데 왜 그랬는지 새삼 말할 필요도 없을 것이다. 한 번은 내가 들고 있던 쟁반을 빼앗아 바닥에 던지고는 말했다. "돌아가고 싶어." 이 말은 '이제 테스트는 그만해. 내 새장으로 돌아가고 싶어'란 뜻이었다.

알렉스가 그렇게 신경질을 내는 것도 당연했다. 우리가 자신에게 테스트한 물건들은 모두 새로울 것이 없었다. 알렉스는 이미 이런 질문에 수십 번도 넘게 대답했는데 통계 샘플을 확보하기 위해 어쩔 수 없이 계속 물어야 했던 것이다. 알렉스가 어떻게 생각했는지는 훤히 볼 수 있는 것이었다. '그건 내가 이미 대답했잖아, 이 멍청아. 아, 지겨워죽겠어.' 알렉스는 너무 똑똑해서 학교에서 하는 공부는 너무 쉽고 지루해 시간을 때우느라 말썽을 부리는 천재와 같았다. 하지만 가끔은 어쩔 수 없이 해야 하는 지겨운 테스트를 할 때 우리를 가지고 놀면서 자신의 심정이 어떤지 드러내기도 했다. 예를 들어 우리가 이런 질문을 했다고 치자. "열쇠가 무슨 색이지?" 그러면 알렉스는 자기가 알고 있는 모든 색깔을 다 늘어놓으면서 정답만 쏙 빼고 말한다. 차츰 이 게임에 아주 능숙해져서는 우리가 원하고 자신도 분명히 알고 있는 답을 말하는 대신, 우리의 애간장을 태우면서 재미를 톡톡히 봤다. 우리는 알렉스가 실수한 게 아니라는 것을 분명히 알고 있었다. 알렉스가 모든 답을 다 늘어놓으면서 정답만 빼고 말하는 실수를 한다는 건 통계적으로도 불가능한 일이었으니까. 이런 관찰은 과학으로 입증할 수 있는 게 아니지만 이런 일화를 통해 알렉스가 무슨 생각을 하는지는 짐작해볼 수 있다. 이런 일화로 우리는 알렉스의 인지 과정이 얼마나 정교한지 알아볼 수 있었던 것이다. 알렉스가 그런 장난을 치는 게 재밌어서 그런 건지 아니면 우리를 곯리려고 그런 건지는 나도 모르겠다. 알렉스가 통상적이거나 지루한 질문에 답은 하지 않고 딴청 피울 만큼 성장했다는 사실밖에는.

우리는 알렉스가 지겨워하지 않도록 좀 더 기발한 질문들을 만들어냈다. 이런 시도는 가끔 성공했지만, 또 가끔은 실패하기도 했다. 그러나 나는 결국엔 "알렉스가 자신이 하는 말을 이해하는가?"란 질문에 대해 통계적으로 유효한 대답을 얻어낼 수 있었다고 말할 수 있다. 그렇다. 알렉스는 이해하고 있었다. 알렉스의 이해 수준은 침팬지와 돌고래 수준이었는데 아주 작은 두뇌를 가진 생물인 점을 고려하면 아주 큰 성취가 아닐 수 없는 것이다. 알렉스는 우리가 자신에게 준 다음 번 과제 역시도 지겨워했다. 그것은 '알렉스가 같음과 다름이란 개념을 이해할까?'란 과제였다. 야생에서 새들이 살아남기 위해서는 개별적인 새들의 노랫소리를 구분하고 종간의 차이를 아는 것이 상식처럼 보인다. 그러나 내가 알렉스와 이 '같음-다름'이란 프로젝트에 돌입했을 때 같은 주제를 놓고 테스트했던 과학자들은 인지 능력에서 표면적으로는 유인원이 인간과 비슷하거나 조금 더 낮고, 그 다음 단계에 원숭이들이 오고, 새들은…흠, 새들은 순위에 아예 오르지 못했다.

'같음-다름'의 개념은 인지적으로 상당히 까다로운 개념이다. 우리는 같거나 다른 것을 구분하기 위한 범주로 색깔과 형태를 사용하도록 알렉스를 훈련시켰다. 예를 들어 초록색 사각형 나무와 파란색 사각형 나무를 알렉스에게 보여줬을 때 "뭐가 같지?", "뭐가 다르지?"라는 질문에 알렉스는 "형태"와 "색깔"이라고 답해야 한다. 그 질문에 정확히 답하기 위해서 알렉스는 이 두 물체의 다양한 특징에 주목하고, 내가 그에게 비교하라고 하는 대상이 무엇인지 정확하게 이해하고 판단한 뒤 답을 소리 내어 말해야 하는 것이다. '새 대가리'가 해내기엔 아주 엄청난 도전인 것이다. 여러 달이 걸렸지만 고된 훈련 끝에 마침내 알렉스는 테스트 받을 준비가 되어 있었다. 문제는 우리가 사용한 여러 물건들이 알렉스에게는 아주 익숙한 물건이었기 때문에 다시 지루해하지 않을까 하는 것이었다. 우리는 흥미를 잃지 않도록 '같음-다름' 테스트에 들어가면서 알렉스에게 새로운 숫자와 이름을 알려주는 것과 동시에 다른 훈련을 섞어서 가르쳤다. 알렉스는 노련하게 자신이 맡은 역할을 해냈다. '모양'이나 '색깔'에 대한 문제에 알렉스의 정답률은 80퍼센트 정도였다.(우리는 거기에 '소재'라는 범주를 하나 더 추가했다.) 그러면서 우리가 새로운 물건들, 또는 이름을 댈 수 없는 색깔들을 물어봤을 때도 알렉스의 정답률은 85퍼센트 정도로 점수가 잘 나온 편이었다. 분명 새로운 물체를 사용함으로써 알렉스의 집중력이 높아진 듯 했다.

데이비드 프리맥이 침팬지에게 이런 테스트를 했을 때 그 테스트에 참가한 침팬지들은 모두 두 가지 물체가 같은지 아니면 다른지만 가리키면 됐다. 하지만 알렉스는 우리가 실시한 테스트에서 한 발 더 앞서갔다. 알렉스는 색깔, 모양, 소재를 포함시켜 정확하게 뭐가 다르고 뭐가 같은 지 구분해서 내게 말할 수 있었다. 1986년 독일 괴팅겐에서 열린 국제 영장류 동물학 학술대회에서 내가 이 결과를 발표했을 때 연로한 영장류 동물학 교수가 벌떡 일어서서 말했다. "지금 당신은 당신의 앵무새가 프리맥의 침팬지들이 할 수 있는 것을 더 정교하게 해낼 수 있다고 말하는 거요?" 나는 그렇다고 대답하면서 그 교수가 어떤 맹공을 퍼부을지 궁금했다. 하지만 아무런 반응도 없었다. 노 교수는 그냥 "오호"라고 짧은 감탄사와 함께 자리에 앉았다. 나는 "침팬지가 할 수 있는 건 알렉스가 훨씬 더 잘할 수 있다"라고 노래라도 부를 수 있었지만 일단 자중하기로 했다. 게다가 내 목소리는 꾀꼬리 같은 목소리가 아니니 말이다. 하지만 이것은 정녕 알렉스가 승리한 순간이었다. '같음–다름' 도전을 거뜬히 성공했으니 우리는 자연스럽게 크기의 차이를 구분하는 것과 같은 그와 연관된 다음 번 도전으로 넘어갔다. 알렉스는 다음 테스트 역시 수월하게 해치웠다. 알렉스에게 크기와 색깔이 각각 다른 열쇠를 하나씩 보여주고 묻는다. "알렉스, 어떤 색깔이 더 크지?" 그러면 알렉스가 정답을 말했다. 이렇게 다양한 성취를 이루면서 알렉스는 대중의 관심을 더 많이 받게 됐나. 《ABS》 방송국과 《CBS》 방송국에서 알렉스를 찍어갔고, 《NBC》 방송국의 밥 바젤도 찾아왔다. 알렉스는 《월 스트리트 저널》 1면에까지 등장했다. 정말 똑똑한 새야!

노스웨스턴에서 내 삶은 화려하게 진행됐다. 일자리도 있었고, 연구비도 있었고, 알렉스와 함께 놀랄만한 성과를 이뤄냈다. 하지만 우리들의 그 행복한 시간은 금방 끝나버렸다. 1986년 여름 NSF에 연구비를 지원해달라는 내 요청은 통과됐지만 전에도 그랬던 것처럼 내게 줄 기금이 남아 있지 않다는 것을 알았다. 거기다 학과장은 내게 동물 행동 강좌를 가르칠 다른 강사를 찾아보겠다고 통보했다. 연구 기금으로 경비를 내지 않는 한 알렉스와의 작업을 계속할 돈이 내게는 없었다. 이미 흔들리기 시작했던 내 결혼생활도 더 불안해졌다. 데이비드는 내게 이런 요지의 말을 했다. "당신은 실패자야. 이제 그만 실험실을 닫고 진짜 직업을 찾아보지 그래? 여기 시카고에서 살려면 우리도 돈이 있어야 해." 나는 화산처럼 터지려는 분노를 겨우 눌렀다. 그러나 넌 실패자이니 이제 네 인생을 건 사업이 된 알렉스와의 연구를 포기하라는 말보다 더 내 의지를 강하게 굳힌 말도 없었을 것이다. 나는 연구를 계속 할 수 있는 곳을 찾아 미친 듯이 전국에 있는 지인들과 동료들에게 연락했다. 켄터키에 있는 친구들이 내가 있을만한 자리가 있다고 했지만 거긴 1년 밖에 있을 수 없었다. 석 달 만에 내 체중은 15킬로그램이나 빠졌다. 알렉스를 빼면 날 위로해주는 건 친구들뿐이었다.

나는 이제 밤늦도록 있으면서 사실상 실험실에서 살다시피 했다. 나는 매일 깊은 밤까지 계획을 세우고, 알렉스는 깃털을 고르면서 함께 지내며 가끔 서로를 쳐다보며 몇 마디씩 말을 주고받곤 했다. 대화라고 하기는 민망한 수준이지만 그건 인간이 아닌 반려자에게 할 수 있는 최고의 애정표현이라고 생각했다. 모든 회색 앵무새들이 다 그런 것처럼 알렉스는 감정 이입 능력이 아주 뛰어났다. 이 놀라운 앵무새는 내가 우울해할 때를 민감하게 알아차렸다. 그럴 때면 기꺼이 내 옆에 가까이 있어주려 했다. 그럴 때의 알렉스는 장난꾸러기 왈패 알렉스도 아니고, 실험실의 보스도 아니고, 까다로운 알렉스도 아닌 다정한 알렉스, 나의 쓰라린 마음을 이해해주는 그런 동반자였다. 가끔 알렉스는 "간질여줘"라고 말하면서 고개를 숙여 내가 그의 머리를 긁을 수 있게 했다. 내가 그렇게 살살 긁어줄 때면 눈 주위의 하얀 부분이 옅은 핑크색으로 변하면서 회색 앵무새들이 친밀한 감정을 느낄 때 그러는 것처럼 색깔이 변하곤 했다. 게다가 눈은 거의 감다시피 하고 있었다.

그야말로 상황이 막다른 골목으로 치닫는 것처럼 보였을 때, 새 학기 수업이 시작되기 일주일 전에 학과장이 다른 교수를 찾을 수 없으니 내가 원한다면 계속 그 수업을 해도 좋다고 통보했다. 내가 원한다면? 어찌 됐든 일단 숨통이 트이긴 했지만 여전히 연구비를 구하지 못했기 때문에 나는 그 후 1년간 아주 빠듯하게 실험실을 운영했다. 더 이상 학생들에게 돈을 지불할 수 없었기 때문에 이제 학생들은 자원봉사로 일했다. 나는 연구비 지원 신청을 그 다음 해 다시 제출했다. 신청서는 다행히 다시 통과됐고 이번에는 기금이 나왔다. 지난 12개월은 정말 길고 힘든 시간이었다. 그러나 한편 이런 역경은 노스웨스턴에서 보낸 극도로 생산적인 3년간을 열어준 관문이기도 했다는 것이 드러났다. 나는 알렉스에게 적용한 우리의 독특한 훈련 기법이 왜 그처럼 효과적인지, 그리고 이 기법이 야생에 사는 새들과 어떤 관련이 있는지에 대해 계속 연구했다. 인간의 제 2언어 습득 분야의 전문가인 린다 신키 라노와 공동으로 나는 알렉스가 영어 단어를 학습하는 것이 린다의 전공 분야에 어떤 새로운 통찰력을 줄 수 있는지 연구했다. 나아가 우리는 생물학자들과 팀을 짜서 새들이 다른 새들의 노래를 익히는 방법이 인간이 제 2언어를 습득하는 과정과 닮았다는 것도 증명해냈다. 학생들과 나는 사물 영속성이라는 개념에 대해서도 예비 연구를 했다. 이 개념은 한 물체가 가려져서 보이지 않더라도 계속 존재한다는 믿음을 가리킨다. 이 능력은 갓난아기가 태어난 첫해에 서서히 발달된다. 알렉스가 이 개념을 분명하게 이해했기 때문에 우리는 테스트 절차에 그 개념을 도입해서 그 과정을 재미있게 구성했다.

데니스 니아폴리탄이란 학생과 나는 사람들이 수컷 앵무새와 암컷 앵무새에게 다르게 이야기하는지에 대해서도 시험해 보았다. 알렉스는 이 연구에서 수컷 앵무새와 암컷 앵무새 역을 다 맡아서 암컷일 때는 앨리스라는 이름을 썼다. 결과는 예측한 대로였다. 사람들은 알렉스와 이야기할 때보다 '앨리스'와 이야기할 때 더 '아기 말투'로 말을 했다. 또 다른 학생인 캐서린 던스모어가 연구비를 조금 받아서 그 돈으로 녹음 장비를 샀다. 우리는 알렉스가 아이들이 그런 것처럼 잠자리에 들기 전에 소리들과 새로운 이름들을 자유롭게 '연습하는' 소리를 녹음했다. 1962년 루스 위어는 이제 고전이 된 육아서인 《아기 침대 이야기》라는 책을 출판했다. 캐서린과 내가 논문을 썼을 때 우리는 그 논문 제목을 〈새장 이야기〉라고 쓰고 싶었지만 편집자들이 허락하지 않았다. 그래서 우리는 〈아프리카 회색 앵무새가 영어 발음을 습득하면서 혼자 내는 소리 녹음〉이란 제목을 붙였다. 지루한 제목이긴 하지만 맞는 말이긴 했다.

당시 나는 여러 개의 일을 동시에 해치우고 있었다. 내 성격이 원래 그런 면도 있었지만 지금 돌아보면 가정생활에서 채우지 못한 부분을 보상하고픈 마음도 있지 않았을까 하는 생각이 든다. 나는 그야말로 이중적인 삶을 살고 있었다. 한편으로는 알렉스와 함께 하는 작업에서 보이는 큰 진전에 들떠 기뻐하고 있었지만, 또 한편으로는 가정생활에서 느끼는 공허한 마음을 달랠 길 없어 괴롭기도 했다. 노스웨스턴에 도착한 후로 나는 지속적으로 교수직을 알아보고 있었는데 1986년 그렇게 고생한 뒤로는 한층 더 가열 차게 구직 활동을 벌였다. 하지만 '사회적 약자 보호 정책'을 준수하느라 어쩔 수 없이 몇몇 대학에서 명목상 부른 면접 몇 건을 제외하고는 쓸 만한 자리가 하나도 나오질 않았다. 나는 분명 학계에서 외톨이였고, 면접 자리에서 몇 마디 들어보고 나를 뽑고 싶어 하는 대학은 없다는 것을 뼈저리게 확인했다. 노스웨스턴 대학에서 객원 조교수로서의 내 계약 기간이 1990년 말까지만 갱신 될 수 있다는 통보를 들은 1989년 가을 전까지는 그래도 그렇게 크게 걱정하지는 않고 있었다. 대학에선 알렉스와 내 연구 성과가 미진해서가 아니라 임시직에 대한 규정상 어쩔 수 없기 때문이라고 했다. 데이비드의 반응은 1986년 했던 말과 별반 다르지 않았다. "왜 '진짜' 직장을 알아보지 않는 거지?" 나는 또 다시 이력서를 수십 장 돌리고, 수도 없이 면접을 보고, 그리고 그만큼 들입다 스트레스를 받았다. 그러다 나는 1990년 5월 투싼의 애리조나 대학에서 종신 재직권을 받을 수 있는 자리를 제안받았다. 오래 지속된 불안정한 생활 끝에 가까스로 다시 희망을 보게 된 것이다. 그러나 사정이 생겨 이사는 추수감사절까지 연기했다.

한편 알렉스는 지역과 국영 텔레비전 방송사에서 계속 관심을 끌고 있었다. 알렉스는 대중을 위해 공연하는 것을 즐기는 것처럼 보였고, 카메라도 전혀 무서워하지 않았다. 알렉스를 찾아오는 방문객들도 아주 많았는데 그중에서도 나를 초긴장하게 만들어서 특별히 기억에 남는 손님이 하나 있었다. 1988년 가을 초입에 친구인 잔느 라비드가 알렉스를 보러 오고 싶은 사람이 있는데 실험실에 데려와도 되냐고 내게 물었다. 잔느는 그 친구가 잠시 투싼에 온 김에 캠퍼스 남쪽의 에반스톤에 있는 그녀의 집에 머물 거라고 설명했다. "게릭이 회색 앵무새를 무지 좋아해. 하지만 여행을 자주 다녀서 키울 수가 없거든. 게릭은 시카고에 오면 항상 우리 집에서 지내." 그녀는 계속 말했다. "우리 집에 그랜드 피아노가 있어서 원할 때는 맘대로 피아노를 칠 수 있어서 그럴 거야. 하지만 우리가 회색 앵무새인 오크를 키워서 그런 것도 있어. 게릭은 오크를 아주 예뻐하지." 오크는 알렉스의 사물 영속성 훈련에 참가한 적이 있어서 나는 그 앵무새를 알고 있었다. 그리고 잔느의 집이 아주 큰데다 우아한 거실에 아름다운 그랜드 피아노가 있다는 사실도 전부터 알고 있었다. 잔느는 게릭이란 친구가 피아니스트이며 알렉스와 내가 하는 연구를 알고 있다고 했다. '게릭? 피아니스트……?' 나는 잔느의 말을 듣다 갑자기 놀라서 물었다.

"잠깐만, 잔느. 네 말은 그 피아니스트가 혹시 게릭 올슨…?"

"맞아." 그녀가 말했다. "바로 그 게릭 올슨이야." 게릭 올슨은 1970년 미국인 최초로 쇼팽 국제 콩쿠르에서 우승한, 고전 음악계에서 명성이 자자한 피아니스트였다. 그를 만나는 것은 대단한 영광이었지만 한편 나는 이런 걱정도 들었다. '오, 세상에! 신문에 어떤 기사가 나올지 뻔해. 세계적인 피아니스트가 앵무새에게 손가락을 물리다. 제발, 알렉스, 사고 치지 마.'

잔느는 다음 날 게릭을 실험실로 데려왔다. 게릭은 185센티미터가 넘는 큰 키에 턱수염을 단정하게 다듬고 주위 사람들을 압도하는 카리스마가 넘치는 진정한 스타였다. 하지만 알렉스를 보고 들떠 어찌할 바를 모르는 모습이 크리스마스 아침에 선물을 받고 기뻐 어쩔 줄 모르는 소년 같아 보이기도 했다. 알렉스는 다행히 아주 착하게 행동했다. 알렉스는 진즉부터 남자를 좋아했고 그중에서도 특히 키가 큰 남자를 좋아했는데 게릭을 만나자 정말로 신난 것처럼 보였다. 알렉스는 게릭의 팔로 훌쩍 내려앉아서 어깨까지 다다다 달려간 후에 '만나서 정말 기뻐요' 춤을 췄다. 그 춤은 사실 회색 앵무새가 짝짓기를 하기 전에 구애를 하면서 추는 춤이다. 게릭 역시 알렉스만큼이나 아주 즐거워했다. 그는 손가락 하나 다치지 않은 채 무사히 집으로 돌아갔다. 그리고 우리는 그날 밤 심포니 홀에서 열리는 콘서트 티켓을 받았다.

시카고를 떠나기 얼마 전에 알렉스 때문에 놀라 죽을 뻔했던 일이 있었다. 1990년 9월 초 나는 짧은 여행에서 돌아와 한 학생이 전화 응답기에 남긴 메시지를 들었다. "오늘 알렉스 숨소리가 심상치 않아서 동물병원에 데려가야 했어요. 동물병원에 곧장 전화해보세요."

나는 곧바로 전화했다. "수잔, 뭐가 문제야?" 수잔 브라운은 내가 평상시에 다니는 시카고 서쪽 교외의 동물 병원을 운영하는 3명의 의사 중 하나였다. 그녀가 조심스럽게 답했다. "아스페르길루스증에 걸렸어." 이 병은 흉곽과 폐에 해를 끼치는 진균 감염을 뜻한다. 알렉스는 내가 실험실을 비웠을 때 평상시에 새장 밑에 깔던 소나무 대팻밥을 구하지 못해서 대신 깔았던 옥수수자루로 만든 짚에서 그 균을 옮았을 것이다. 지난 몇 주간 동네 동물 병원에서 그런 발병 사례가 몇 건 있었다. "있지, 그렇게 심각하지는 않아." 수잔이 나를 진정시키려고 말했다. "알렉스는 살아날 거야. 난 지금 영화관에 있어. 영화 끝나면 내가 전화할게." 수잔은 당시 초창기에 나온 휴대전화를 가지고 있었다. 그 전화는 벽돌만큼이나 크고 무거웠다.

나는 곧장 새 의학 도감을 뒤져서 아스페르길루스증을 찾아보고는 그 자리에서 얼어붙었다. "새를 편안하게 해주고 최후의 사태를 대비해 각오하라"는 것이 그 책에 나온 내용의 요지였다. 나는 순식간에 공황 상태에 빠졌고, 수잔이 전화할 때까지 진정하려고 사력을 다했다. 그녀는 날 안심시키면서 그 책은 오래 전에 나온 것이며 알렉스는 괜찮을 거라고 말했다. "날 믿어. 내가 알렉스에게 먹일 약을 줄 게. 내일 와서 약을 받아가." 실험실에서 일주일 동안 약을 먹였지만 알렉스는 그러나 낫지 않았다. 나는 수잔과 매일 통화했다. 그러다 어느 날 그녀는 새로운 약을 써보게 알렉스를 데리고 오라고 했다. 당시는 아스페르길루스증에 걸린 회색 앵무새에 대한 치료약이 제대로 개발되지 않았기 때문에 수잔이 암시했던 것처럼 전망이 그렇게 밝지는 않았다. 새로운 치료 방법은 그 질병의 전문가라는 한 수의사가 알렉스보다 몸무게가 12배가 더 나가는 맹금을 대상으로 개발한 처방전을 적용하는 것이었다. 수잔은 자신과 동료 의사들이 투약 분량에 대해 실험을 해봐야 하기 때문에 알렉스를 한동안 입원시켜야 한다고 말했다.

나는 떠날 준비를 하며 알렉스에게 말했다. "잘 있어, 알렉스." 알렉스는 동물병원의 작은 새장에 앉아 아파서 힘들고 두려운 표정으로 날 바라봤다. "미안해." 알렉스는 작은 목소리로 답했다. "이리 와. 돌아가고 싶어." 알렉스의 목소리가 너무 불쌍하게 들려서 내 마음은 갈기갈기 찢어지는 것 같았다. "괜찮아, 알렉스." 나는 최대한 알렉스를 안심시켜 주려고 애를 썼다. "내일 만나러 올게. 내일 다시 올게." 자리를 곧잘 비우느라 알렉스에게 그런 인사를 한 지는 꽤 오래 됐지만 이번만큼 절실한 적은 없었다. 내가 자신을 거기 그냥 혼자 내버려두지 않고 다시 돌아온다는 것을 알렉스가 알아야만 했다. 나는 매일 아침 일찍 일어나 노스웨스턴 대학에 가서 수업을 한 뒤 한 시간 동안 운전해서 곧장 동물병원으로 달려가 알렉스와 최대한 함께 있었다. 차가 밀리는 시간대를 피하기 위해 병원에서 3시쯤 나와 사무실과 실험실로 돌아가 일을 하고, 투싼으로 이사 갈 짐을 꾸리고, 저녁은

샌드위치 같은 것으로 간단히 요기하기를 되풀이하는 생활. 그것은 육체적으로나 정신적으로나 진이 빠지는 일이었다.

수의사들은 알렉스를 흡입기에 넣는 식으로 약을 투여했는데 간단히 말하자면 약이 기화되는 탱크에 알렉스를 넣어서 증기로 변한 그 약을 들이마시게 하는 방법이었다. 불쌍한 알렉스는 그 절차를 너무 싫어해서 처음에는 계속 "돌아가고 싶어, 돌아가고 싶어"란 말만 연거푸 했다. 매번 약을 투여하는 시간이 끝난 것을 알리는 타이머가 울릴 때까지 나의 가련한 앵무새는 참고 기다려야 했다. 알렉스는 이내 그 절차를 익혀서 벨이 울릴 때까지 묵묵히 기다렸다가 이렇게 말했다. "이리 와. 돌아가고 싶어!"

한 번은 동물병원에 급한 일이 생겨서 타이머가 울렸는데도 수의사들이 곧장 알렉스에게 가보지 못했다. "잠깐만 기다려, 우리가 지금 바쁘거든." 그들은 알렉스에게 소리쳤다. 알렉스는 기다리지 못했다. "돌아가고 싶어"라고 몇 번이나 요구했는데도 아무 반응이 없자 그는 흡입기의 유리벽에 부리를 대고 톡톡 두드렸다. "집중해, 집중해! 이리 와. 돌아가고 싶어!" 이 말은 알렉스를 훈련시키는 학생들에게서 배워서 써먹은 것이다. "알렉스야, 제발, 집중 해!"

11월 초가 되자 그 약이 효과가 없다는 것이 분명해졌다. 수잔과 그녀의 동료 의사인 리처드 니와 스콧 맥도널드가 어떻게 해야 할지 의논하기 위해 나를 불렀다. 한 가지 방안으로는 지금까지처럼 계속 약을 주입하면서 차차 효과가 나타나길 기대하는 것이고, 또 다른 방안은 수술이었다. 하지만 수술은 시험적인 것이고, 위험할 수도 있었다. 고민 끝에 결국 나는 수술을 해보고 싶다는 의사를 밝혔다.

당시에는 알렉스에게 필요한 현미외과 수술을 할 수 있는 수의사가 국내에 딱 둘밖에 없었다. 알렉스의 흉곽에서 진균을 긁어내야 하는 수술이었다. 한 사람은 플로리다 주의 레이크워스에 있는 그렉 해리슨으로 학술회의에서 한 번 만난 적이 있었다. 다행스럽게도 그전에 나는 투싼에 갈 경우를 대비해 알렉스와 내가 같이 기내에 들어가서 여행을 할 수 있도록 필요한 행정적인 절차를 다 밟아 놨다. 표만 구하면 됐다. 나는 일리노이 주 북부 앵무새 협회와 예정했던 모임을 취소했다. 그때는 나도 몰랐던 사실이지만 그 단체는 나와 만날 수 없게 되자 알렉스의 치료비용을 보태기 위해 모금 행사를 열었다고 한다. 내 비행기 표는 비자카드로 냈다. 그리고 어니 콜라지라는 친구가 예전에 했던 말을 기억해냈다. "언제고 뭐든 필요한 게 있으면 전화해." 나는 그 친구에게 전화해서 알렉스가 타고 갈 비행기 표를 끊는데 600달러가 필요하다고 설명했다. 알렉스는 병세가 너무 위중해서 비행기 좌석 밑에 두는 이동새장에 넣어 갈 수 없었다. 나는 알렉스를 옆에 앉히고 비행하는 내내 보살피면서 물과 모이를 줘야 했다.

그때 플로리다에 살고 계셨던 아버지가 공항에서 우리를 만나 그렉의 병원까지 태워줬다. 우리는 그렉을 만날 때까지 한동안 기다려야 했는데 수술이 임박했기 때문에 알렉스에게 아무 것도 먹일 수 없었다. 알렉스는 배가 고팠다. 대기실에 앉아 있었는데 알렉스의 "바나나 줘", "옥수수 줘", "물 줘"란 소리가 점점 더 절박해졌다. 나는 알렉스에게 아무 것도 먹을 수 없고, 기다려야 한다고 말해줬다. 알렉스는 아버지를 보고 말했다. "어깨에 올라갈래." 그리고는 아버지의 어깨로 올라가 머리에 꼭 붙어서 이것도 먹고 싶고 저것도 먹고 싶다는 말을 나지막하게 중얼거렸다. 아버지는 가는귀가 먹어서 알렉스의 조용한 애원을 들을 수 없었다. 마침내 화가 머리끝까지 치민 알렉스가 아버지의 귀에 대고 냅다 소리를 질렀다. "키위 줘." 알렉스는 키위를 좋아하지도 않았는데 그 정도로 배가 고팠던 모양이었다. 잔뜩 피곤하고 긴장한 상태에서도 그런 알렉스를 보니 웃음이 터져 나왔다.

나는 그렉에게 알렉스가 마취제를 맞을 때 같이 있게 해달라고 부탁했다. 그러면 알렉스가 마음을 한결 놓게 돼서 마취제를 너무 많이 놓지 않아도 될 것 같아서였다. 하지만 나는 대기실로 돌아가 곧장 곯아떨어졌다. 몇 주 만에 처음으로 그렇게 달게 자보는 것 같았다. 한 시간쯤 지났을까. 그렉이 날 깨워서 조그만 뭉치를 하나 건네줬다. 그것은 타월에 싸인 알렉스였다. "알렉스는 이제 괜찮을 겁니다." 그렉이 날 안심시켜줬다. 얼마 후부터 알렉스는 조금씩 몸을 움직이기 시작했다. 그는 한쪽 눈을 떴다가 깜빡이더니 떨리는 목소리로 말했다. "돌아가고 싶어." 나는 대답했다. "이제 괜찮을 거야. 내일 다시 올게."

다음 날 아침 나는 훨씬 더 유쾌하고 발랄해진 알렉스와 시카고로 돌아갔다. 알렉스는 수술 경과도 보고 건강을 회복하기 위해 동물병원에 2주 더 입원해야 했다. 나는 투싼으로 떠나기 전 아스페르길루스에 대비해 실험실을 완벽하게 소독하지 못한 것이 걱정되기도 하고, 알렉스를 다시 그 병균에 노출시키고 싶지 않아 찬성했다.

알렉스는 금방 동물 병원의 명물이 돼서 이야기를 들어주는 사람은 가리지 않고 수다를 떨었다. 새장은 회계원 책상 바로 옆에 있었다. 알렉스를 투싼으로 데려가기 전날 밤 회계원은 장부를 정리하느라 늦게까지 남아서 일을 해야 했던 모양이다. "땅콩 먹고 싶어?" 알렉스가 그녀에게 물었다. "아니, 알렉스." 알렉스는 끈질기게 물었다. "옥수수 먹고 싶어?" "고맙지만 됐어, 알렉스." 둘은 이런 식으로 계속 이야기를 이어갔고, 회계원은 초지일관 알렉스의 질문을 무시했다. 마침내 열불이 난 알렉스가 잔뜩 성질 난 목소리로 말했다. "흥, 도대체 원하는 게 뭐야?" 회계원은 깔깔 웃음을 터트리면서 알렉스가 원하는 대로 같이 놀아줬다. 그게 바로 나의 알렉스였다.

| chapter 5 |
알렉스와 친구들

할수만 있었다면 나는 흡족하게 노스웨스턴에 남아 있었을 것이다. 나는 미시건 호의 아름다운 캠퍼스를 사랑했다. 그리고 동료들도 멋지고, 절친한 친구들도 있었다. 노스웨스턴대 학생들도 아주 우수하고 성실했다. 그리고 알렉스는 새의 두뇌로 가능할거라 아무도 상상하지 못했던 영역까지 정복해가고 있었다.

하지만 세상일은 내 뜻대로 되지 않았다. 대학 당국은 나란 존재를 도대체 어떻게 처리해야 할지 모르고 있었다. 나는 주류 과학의 안전지대에서 너무나 멀리 떨어져 있었고, 내가 던지는 질문들은 너무 날이 서 있었으며, 내가 하는 연구는 어떤 범주에도 넣을 수 없는 애매한 경계에 방치되어 있었다. 심리학도 아니고 그렇다고 언어학도 아니고, 인류학도 아니고 그렇다고 동물행동도 아닌……. 내 연구는 이 네 분야에 골고루 걸쳐져 있었지만 그렇다고 한 분야에 밀어 넣을 그런 성질의 연구는 아니었던 것이다. 그래서 나는 이 대학에서 6년 넘게 있었지만 종신 재직권을 따내기는커녕 보따리를 싸야 했다. 그것이 규칙이었고, 그들은 그런 규칙 하나는 끝내주게 잘 지키는 사람들이었다.

결혼생활 역시 이 무렵 파국을 맞았다. 대부분 그렇듯이 우리도 신혼 때는 아주 금슬이 좋았다. 하지만 데이비드는 내가 하는 일의 중요성을 이해하지 못했고, 박봉에다 문제가 끊이질 않는 내 일이 왜 자기 일만큼이나 많은 시간을 잡아먹어야 하는지도 이해하지 못했다. 나는 남편에 종속되는 역할만 하며 만족하는 삶을 살 수는 없었다. 헤어지는 것이 최선이었다.

노스웨스턴 시절은 그렇게 끝이 났다. 그리하여 1990년 추수감사절이 지난 일요일, 알렉스와 나는 시카고의 오헤어 공항에 도착해서 애리조나 주의 투싼으로 가기 위해 유나이티드 에어라인에서 체크인을 하기 위해 서 있었다. 나는 항공사 직원에게 표를 두 장 건넸다. 그녀는 만면에 미소를 띤 채 나를 맞았다. 그녀는 표 두 장을 보고는 주변을 돌아본 후 내게 물었다. "알렉스 페퍼버그씨는 어디 있나요?" 알렉스의 티켓을 끊기 위해 사용한 이름이었다. 나는 그녀가 알렉스를 볼 수 있도록 이동새장을 들어올렸다. 알렉스는 그녀를 보고 경쾌한 휘파람을 불었다. 순간 그녀의 얼굴에서 미소가 싹 가셨다. "앵무새잖아요!" 그녀는 부지불식간에 내뱉었다. "알렉스 페퍼버그가 앵무새였어요?" 그녀는 "앵무새"라는 말에 경멸의 뉘앙스를 분명하게 넣어 강조해가면서 계속 물었다. "죄송하지만 저희 항공사에서는 애완동물에게는 표를 팔지 않습니다." 마침내 그녀는 펄쩍 뛰면서 말했다.

"아뇨, 팔았습니다." 나는 침착하게 대답했다. "여기 서류가 있어요." 나는 그녀에게 여행에 앞서 오래 전에 준비해둔 두터운 서류다발을 보여줬다. 서류에 따르면 알렉스는 중요한 과학적 자원(거기다 TV에 출연하는 명사이기도 하고)이기 때문에 일반 좌석이 필요하다고 기록되어 있었다. 게다가 알렉스에게는 병균이 없으니 기내에서 여행할 수 있다는 증명서도 같이 첨부되어 있었다.

하지만 그 직원은 서류는 깡그리 무시해버린 채 내가 하는 말은 콧등으로도 들으려고 하지 않았다. 나는 어이없는 코미디극으로 변해버린 이 상황에 그녀의 상관이 개입해줄 것을 요청했다. 그녀의 상관은 알렉스가 정당하게 좌석을 차지할 표를 합법적으로 구입했음을 확인했다. 미시간 호를 불어오는 겨울바람처럼 냉기가 풀풀 날리던 여직원은 그때서야 마지못해 우리를 들여보냈다. "이건 뭐에요?" 그녀는 내가 발치에 놔둔 박스 3개를 의심스런 눈길로 뜯어보면서 다시 톡 쏘았다. "알렉스 짐이죠." 나는 이제 이 화려한 촌극에

피식 피식 웃음이 나오는 걸 참고 말했다. 박스에는 알렉스의 장비가 들어 있었는데 아스페르길루스 균이 묻지 않도록 내가 꼼꼼하게 소독해뒀다. "알렉스는 짐을 두 개 부칠 수 있고, 기내로 하나 더 가지고 갈 수 있는 걸로 아는데요. 그렇죠?" 내가 물었다. 그녀의 얼굴이 붉으락푸르락 했다. 그녀는 마지막으로 비아냥거렸다. "그러면 식사도 주문해놨겠군요." 그녀는 비꼬는 목소리로 쏘아붙였다. "그럼요, 당연하죠." 나는 애교 있는 미소를 날리며 대답했다. "과일을 주문했어요." 그러나 막상 기내에서 과일 접시가 도착했을 때 알렉스는 고개를 돌려버리고 대신 내 새우 샐러드를 먹겠다고 고집을 피웠다. 꼬마 친구가 여행의 묘미를 잘 안단 말씀이야!

알렉스와 나는 복잡한 심정으로 투싼에 도착해 우리 여정의 다음 장을 열었다. 나는 마침내 종신 교수로 갈 수 있는 자리에 임명받았다. 생태학과 진화생물학과의 부교수 자리를 따낸 것이다. 나의 비정상적인 경력에서 처음 갖는 '제대로 된 일'이자 종신 교수가 돼서 누릴 수 있는 안정을 향한 첫 시작이었다. 어자면서 이제 독신이 된 나로서는 아주 중요한 조건이었다. 하지만 같은 과 교수 절반이 내 임용을 반대해서 학과장에게 이를 막아달라고 청원했다. 애리조나 대학의 학과장들은 절대적인 권력이 있었다. 생태학과 진화생물학과의 학과장인 콘래드 이스톡은 내 연구를 가치 있게 여겼고, 내 전문지식이 자신이 맡은 과를 탄탄하게 보완해줄 거라고 믿었다. 교수들이 낸 청원은 무시됐고, 난 결국 임용됐다. 콘래드 외에도 학과 내에서 날 지지해준 고마운 사람들은 많았지만 공공연하게 내게 적의를 보이는 동료들 때문에 출발은 순조롭지 못했다.

하지만 나는 애리조나의 마법에 푹 빠지기 시작하면서 얼마 지나지 않아 이런 부정적인 면은 깊이 생각하지 않게 됐다. 언젠가 나는 어느 지면에 투싼은 날 울게 만든다고 쓴 적이 있다. 투싼에서 자라는 모든 식물에 알레르기 반응을 일으키면서 글자 그대로 눈물을 흘리기도 했지만, 그곳의 아름다운 경치와 산들, 사막들과 거대한 사와로(키가 큰 기둥 선인장-옮긴이)와, 동물들과 작은 식물들과 새들의 아름다움 때문에 감동해서 눈물이 나기도 했다. 아, 그 놀라운 새들! 나는 퀸즈에 살던 십 마당에 아빠가 새 모이통을 만들어주신 후로 아마추어 새 관찰자가 됐었다. 시간이 흐르면서 내 취미는 직업이 되고 점점 더 전문적인 연구자로 변해온 것이다. 그런데 이제 우리 집 문 앞에 새들의 천국이 펼쳐지다니…….

시내에서 서쪽으로 8마일 떨어진 곳에 있는 집은 그 당시 아주 전원적인 곳이었다. 매일 아침 나는 커피 한 잔을 들고 문밖 테라스에 앉아 태양이 동쪽 린콘 산맥 위로 떠오르는 것을 지켜봤다. 그리고 햇빛이 바로 집 앞 산타 카탈리나 산의 정상을 미끄러지는 장관을 보면서 자색과 핑크색이 섞인 그 황홀한 광채가 서쪽 투싼 산을 향해 점점 커지는 모습에 한숨을 쉬곤 했다. 햇빛은 투싼 시가 자리 잡은 산타크루즈 분지 전체를 휩쓸고 가곤 했다. 나는 매일 그 아름다움을 충만하게 느끼며 살았다. 그러니 어떻게 황홀경에 빠지지 않을 수 있겠는가? 어떻게 그 절경에 넋을 잃지 않을 수 있겠는가?

내 생애 최초로 보고, 냄새 맡고, 만질 수 있는 1.5 에이커 상당의 내 공간에서 소노란 사막의 다양하고 풍부한 동물과 식물들을 접하면서 나는 자연과 깊게 하나로 연결된 느낌을 받았다. 그리고 아메리카 원주민인 인디언들의 존재가 강하게 느껴지는 그 지역에서 자연과 원주민간의 심오한 일체감을 강하게 의식했다. 투싼은 나와 알렉스에게 우리가 앞으로 해야 할 연구에서 큰 성과를 낼 수 있는 가능성을 제공해주고 나아가 생전 처음으로 타인을 위해 살거나 누군가에게 의존하지 않고 홀로서기를 하면서 영혼을 부활시킬 수 있는 시간을 주는 고마운 곳으로 생각됐다.

한동안 임시 공간에서 지내다가 나는 교정 서쪽에 있는 생명 과학대 건물 지하실에 실험실을 잡았다. 이전까지 쓴 실험실들과 비교해 이곳은 아주 거대했다. 실험실 한 가운데에는 알렉스의 본거지인 동그란 테이블(거기다 예전부터 가지고 있던 금속으로 만든 접는 의자도 있었다)이 떡 버티고 있었고, 한쪽 구석에는 직사각형 카운터 두 개가 직각으로 위치

해 있었는데 하나는 알로가 차지하고 또 다른 하나는 키아로가 들어왔다. 알로와 키아로는 우리 연구를 확대시키기 위해 1991년 초 남부 캘리포니아에 있는 새 사육자 친구에게서 구한 두 마리의 어린 회색 앵무새였다.(사람들은 내게 끊임없이 이런 잔소리를 해댔었다. "박사님이 연구하는 새는 알렉스 하나밖에 없죠?", "알렉스가 죽으면 어떻게 해요?" 알렉스가 아스페르길루스에 걸려 혼비백산한 사건 후에 나는 이 두 번째 질문에 대해 관심을 기울이게 됐다.) 이 새들은 자고, 훈련을 받고, 테스트를 받는 방이 각각 따로 있었다. 대학원생들이 쓸 공간도 있었고, 내 사무실은 운동장만큼 컸다.

그리고 얼마 안 돼서 내 밑으로 대학원생이 4명이나 들어와서 아프리카에서 실시한 행동 생태학 현지답사 연구의 실험 훈련과 테스트를 우리 작업에 추가해서 연구 범위를 훨씬 더 확대할 수 있었다. 실험실을 관리하고 새들과 놀아주고 훈련시킬 대학생도 무려 스무 명이나 들어왔다. 외부인들이 보기에 우리 실험실은 난장판처럼 보였을 텐데, 어떤 면에선 실제 그렇기도 했다. 내 연구 철학은 진지하고 조심스럽게 해야 하는 과학 연구에 놀이와 재미를 더해 균형을 맞춘 새로운 연구 문화를 조성하자는 것이었다.

하지만 그러한 시도는 시간상으로나 재정적으로 아주 버거운 일이기도 했다. 과에서는 대학원생 한 명에게 연구비를 제공했고, 국립 과학재단에서 또 다른 대학원생 하나와 대학생 몇 명에게 연구비를 줬다. 학부 생물학 연구 프로그램에서 연구 자금이 조금 더 나왔지만 나머지 연구비와 경비의 대부분은 내가 1991년 설립한 알렉스 재단에서 나왔다. 알렉스의 이름이 붙은 이 재단은 어려운 여건의 연구 활동을 지원하고 우리가 발견한 내용을 대중들에게 전달하는 데 쓰기 위한 기금을 모금하기 위해 만든 비영리 재단이었다. 우리는 기금 모금 행사를 열고, 알렉스의 귀여운 모습이 새겨진 티셔츠나 기념품도 판매했다. 조류 애호가 모임에서의 연설도 이러한 활동에 포함된다. 이런 활동들에다 수업까지 해야 했으니 나는 늘 장시간 격무에 시달릴 수밖에 없었다. 매일 밤 10시 반이 되기 전까지는 사막 끄트머리에 있는 내 마음의 오아시스로 가지도 못했고, 주말이 되어도 집에서 쉴 틈조차 없었다.

알로와 키요(키아로를 우리는 키요라고 불렀다)는 사랑스러웠지만 둘 다 우리나 나의 사육사 친구인 마돈나 라펠이 모르는 상처가 있었다. 알로는 마돈나의 수중에 들어오기 전에선 주인에게 학대를 받았다. 내가 생후 7개월이 된 알로를 처음 만났을 때는 아무 문제가 없어 보였다. 알로는 마돈나와 함께 작업한 학생들과 깊은 유대감이 생겼고, 연구도 어느 정도 진척을 보였다. 그러나 알로를 돌봐주던 학생들이 졸업하여 실험실을 떠나기 시작하자 어렸을 때 겪었던 정신적 상처가 되살아나기 시작했다. 알로는 버림받았다고 생각한 게 분명했고, 낯선 사람들이 가까이 오면 애처롭게 비명을 지르곤 했다.

그와는 대조적으로 키요는 상태가 좋아보였다. 키요는 장난감을 가지고 아주 잘 놀았고, 알렉스가 어렸을 때보다 집중하는 시간은 상대적으로 짧았지만 생후 3개월밖에 되지 않았다는 사실을 감안하면 크게 걱정할 일이 아니라고 생각했었다. 그러나 키요가 육체적으로 성숙해졌을 때 우리는 이 앵무새에게 일종의 주의력 결핍과 과잉 행동 장애가 있다는 것을 깨달았다. 키요는 이전보다 연구하기가 훨씬 더 힘들어졌고, 실험실에서 조그만 소리라도 날라치면 깜짝깜짝 놀라고 누군가 책이나 심지어 스푼을 떨어뜨려도 책상 밑으로 달려가곤 했다. 키요는 주변 환경에서 뭐가 중요하고 뭐가 중요하지 않은지 구분할 능력이 없는 것 같았다.

이런 큰 문제들이 나타나기 전까지 우리는 장기간 연구 프로젝트를 야심차게 시작했다. 우리는 먼저 항상 트레이너가 두 명이 참여해야 하고 시간도 많이 드는 라이벌-모델 방법이 꼭 필요한지 알아내고 싶었다. 새들이 더 적은 수의 트레이너와, 따라서 사회적 상호작용도 훨씬 더 적은 간소화된 방법으로도 효과적으로 사물의 이름을 배울 수 있을까? 예를 들어 우리는 오디오와 비디오테이프로 시범을 보이는 방법을 써봤다. 답은 아주 분명하게 나왔다. 라이벌-모델 방법은 우리가 시도한 다른 어떤 방법보다 훨씬 효과적이었다. 연구 초기에 품었던 내 본능과 상식이 옳았던 것이다. 사회적으로 풍부한 상호작용을 하는 것이 의사소통 기술을 가르치는 데 필수적이었다. 아, 젠장 맞을!

한편 알렉스는 아스페르길루스에 걸려서 생사를 오가는 경험을 한 후로 완전히 회복하는 데 상당히 오랜 시간이 걸렸다. 외모와 하는 행동만 봐서는 알아차리기 힘들었지만 알렉스가 투싼에 도착한 후 완전히 예전 체력을 회복하는 데는 1년이 걸렸다. 회색 앵무새들은 다른 앵무새들이 그런 것처럼 자신의 불리한 조건이나 장애를 숨긴다. 야생에서 사는 동물들이 약점을 드러냈다간 육식동물들의 주의를 끌 가능성이 많아 무리에서 소외되기 때문이다.

알렉스는 주로 실험실의 보스로 군림하면서 손님들을 맞아 인사하고 방 한 가운데에 있는 자신의 무대인 동그란 테이블에서 이런저런 일을 지시했다. 그런 알렉스를 보면 "알렉스 선생님"이라고 불러야 할 것 같았고, 실제로 몇몇 학생들은 알렉스를 "미스터 A"라고 부르기 시작했다. 알렉스는 기회가 생기면 알로와 키요의 훈련에 참견하길 좋아했다. 키요와 알로는 대개 자기 방에서 훈련받지만 가끔은 본 실험실에서 복습을 하기도 한다. 알렉스는 알로나 키요가 질문에 대답하려고 안간힘을 쓰는 동안 정답을 소리치곤 했다. 아니면 "틀렸어!"하고 야단치기도 했는데 두 신참 앵무새들이 정말 틀린 경우가 태반이었다.

나는 아라비아 숫자를 알아보고 이해하는 연습을 포함해서 알렉스와 숫자 공부를 계속 했다. 그것은 아주 길고 힘든 프로젝트로 몇 년 후에 우리는 눈부신 결실을 이뤘다. 린다 신키 라노가 일리노이에서 우리를 보러온 1992년 가을 어느 날 나는 간단한 수 개념에 대해 알렉스와 연습하고 있었다. 나는 알렉스에게 각각 다른 소재와 색깔의 물건들을 올려놓은 쟁반을 보여주고 있었다. "초록색 모직은 몇 개나 되지?" 나는 알렉스에게 물었다. 우리는 이 훈련을 한 지 얼마 안 됐고, 알렉스는 그때까지 텔레비전 촬영 팀 앞에서 하는 것처럼 답을 모두 맞히고 있었다.

알렉스는 쟁반을 들여다보고 가끔 그런 것처럼 빈정댄다고 밖에 표현할 수 없는 표정으로 날 쳐다봤다. "하나." 알렉스가 내뱉었다. 정답은 "둘"이었다.

"아니야, 알렉스. 초록색 모직이 몇 개지?"

다시 그 빈정거리는 표정이 떠올랐다. "넷."

알렉스는 노래를 부르는 것처럼 매력적인 목소리로 두 음절로 끊어서 말했다. "네-엣."

린다가 우리를 보고 있었고, 나는 알렉스가 병이 들었다 회복한 후 얼마나 잘하고 있는지 그녀에게 보여주고 싶었다. "제발, 알렉스. 초록색 모직이 몇 개지?"

애원은 먹히질 않았다. 알렉스는 계속 답을 바꿨다. "하나…넷…하나…넷…."

이제 나는 알렉스가 날 갖고 놀고 있다는 것을 깨달았다. 나는 알렉스가 정답을 알고 있다는 걸 알았다. "좋아, 알렉스." 나는 단호하게 말했다. "너 벌 좀 받아야겠어." 나는 알렉스를 방에 데려다놓고 문을 닫았다.

"둘… 둘… 둘… 미안해…이리 와!" 린다와 나는 이내 알렉스 방에서 나오는 목소리를 들었다. "둘…이리 와…둘." 린다와 나는 너무 웃어서 눈물이 다 나왔다.

"알렉스가 이제 완전히 나은 것 같지?" 나는 기쁨이 가득 차오르는 걸 느끼며 린다에게 이렇게 말했다. "저 쪼그만 악동 같으니라고!"

1992년 5월 초 나는 로스앤젤레스에 사는 변호사 하워드 로젠에게서 편지를 한 통 받았다. 그는 여자 친구 린다를 데리고 알렉스를 보러 와도 되는지 물었다. 나는 그런 편지를 자주 받았다. 대개 알렉스에 대한 소문을 많이 들어본 앵무새 애호가들에게서 온 편지였다. 대부분 나는 실험실 보안 문제라든가, 앵무새들의 건강 문제를 들어 공손하게 그런 부탁을 거절하지만, 실제 근무 스케줄이 너무 빡빡해서 도저히 그런 부탁을 들어주지 못하는 이유도 있었다. 하워드의 편지는 이렇게 시작됐다. "친애하는 페퍼버그 박사님께. 이 편지는 정신병자가 보내는 게 아닙니다. 제발 제 편지를 무시하지 말아주세요." 자신이 정신병자가 아니라고 하는 사람들은 대개는 정신병자인 법이고, 보통 때 같았으면 그 편지는 그대로 휴지통으로 직행했을 것이다.

하지만 하워드는 바로 이어 편지에서 린다에게 청혼할 계획이라고 설명했다. "알렉스가 그를 대신해서 린다에게 청혼하도록 훈련시킬 수 있을까요?" 이를테면 앵무새 대리청혼이라고나 할까? 나는 알렉스의 언어 훈련이 그런 식으로 되는 게 아니라고 설명하는 답장을 보냈다. 하지만 여자 친구에 대한 그의 정성과 기발한 아이디어에 감명 받아서 한번 오라고 초대하고 말았다.

린다와 하워드가 내 답장을 받고 얼마 안 있어 실험실을 찾아왔을 때 나는 그들의 사연을 모두 들었다. 린다는 동물을 광적으로 사랑하는데다가 잡지와 텔레비전에서 알렉스의 이야기가 나올 때마다 꼭꼭 챙겨서 봤다고 했다. 그녀는 텔레비전에서 알렉스와 나에 대한 프로그램이 방영되면 녹화했다가 하워드에게 보여줬다. 하워드는 내가 어디 사는지 찾으려고 그 테이프를 몰래 가져갔다고 한다. 그는 린다를 투싼에 데려와 주말을 보내면서 깜짝 선물로 알렉스가 린다에게 대신 청혼하도록 하는 계획을 세웠던 것이다.

하워드가 내 답장을 받았을 때 그는 계획을 바꿨다. 그는 다이아몬드 반지와 투싼행 비행기 표 두 장을 사고, 투싼 바로 위쪽에 있는 산타 카탈리나 산기슭에 있는 웨스트우드 브룩 리조트에 예약을 했다. 5월 8일 오후에 그는 린다를 앉혀 놓고, 정식으로 한쪽 무릎을 꿇었다. 그리고 반지와 비행기 티켓을 주면서 청혼하며 내 실험실을 방문하기로 한 계획을 밝혔다. 린다는 사랑에 빠진 여자라면 청혼을 받은 순간에 모두 그렇듯이 희열에 넘쳤다. "와, 알렉스를 만나게 됐어!" 그녀는 기뻐 날뛰며 소리쳤다. "정말 대단한 일이야!" 하워드는 농담으로 린다의 대답이 "결혼이라니. 정말 대단한 일이야"가 아니라서 조금 풀이 죽었다고 내게 말했다. 알렉스는 그 정도로 인기 많은 유명 인사였다. 청혼을 한 바로 그날 하워드와 린다는 투싼으로 날아왔다.

알렉스는 아주 편하게 유명인사라는 자신의 위치에 적응했고, 자신에게 쏟아지는 관심을 즐기는 것처럼 보였다. 미국과 다른 나라의 텔레비전 촬영 팀들이 전보다 훨씬 더 자주 실험실을 찾았다. 알렉스로서는 매번 자신의 재능을 과시하고 관심을 한 몸에 받는 기회가 됐다. 알렉스는 눈을 반짝거리며 그야말로 우쭐해서 걸어 다니면서 스타로서 한껏 으스댔다. 대중에 노출되면서 우리는 또한 악평도 많이 듣게 됐다. 학계 환경이 종종 그렇듯이 그때는 의식하지 못했지만 같은 과에서도 우리를 질투하는 동료들이 많았다.

알렉스가 유명해진 데는 알렉스 팬들도 한 몫 했다. 지인인 캐롤 사무엘슨 우드슨이 투싼에서 내 임기가 끝나가는 추수감사절에 알렉스를 보살피는 일을 돕겠다고 자원했다. 그때 캐롤은 처음으로 알렉스를 만났다. 캐롤은 그때 알렉스와 만난 일을 상세하게 묘사한 멋들어진 에세이 한 편을 써내기도 했다. 그녀는 실험실 문을 들어와 공기 전염을 막기 위해 소독제가 든 쟁반을 밟고 들어오는 과정을 이렇게 묘사했다. "나는 마침내 내게 수수께끼 같은, 잡다한 할 일을 안겨준 세 마리의 아름다운 아프리카 회색 앵무새들이 있는, 물건이 여기저기 어질러진 큰 방으로 들어왔다. 내게 가장 가까이 있던 새는 마치 쓰레기통을 엎어놓은 것처럼 잘게 찢은 종잇조각들과 옥수수, 베리(딸기류 열매-옮긴이) 덩어리들과 으깬 채소들과 같이 총천연색의 물건들이 널려 있는 크고 둥근 테이블 위에서 놀고 있었다." 그날 실험실 담당이었던 학생이 캐롤에게 스케줄이며, 모이 준비며, 잡다한 일들에 대해 이야기를 하고 있었다. 마침내 긴장한 캐롤이 용기를 내서 물었다. "저기…… 이 새들 중 하나가…… 알렉스인가요?" 학생은 대수롭지 않게 대답했다. "아, 네. 이 아이가 알렉스에요." 그 학생은 캐롤 바로 앞에 놓인 둥근 테이블 위에 있는 새를 가리켰다.

캐롤은 이렇게 썼다. "깜짝 놀란 나는 다리에 힘이 풀려 쓰러지지 않으려고 테이블에 팔을 짚었다. 바로 내 눈앞에 깃털이며 모든 것이 아름답기 그지없는 주인공이 있었는데 나는 무식하게도 '이 새가 알렉스인가요?'라고 묻는 무례를 저질렀던 것이다. 어이없게도 난 빨간 벨벳 카펫이 장엄한 옥좌까지 쭉 깔려있고, 황금으로 만든 횃대에 보라색 망토를 두르고 보석이 박힌 왕관을 쓴 거만하기 그지없는 새가 떡하니 앉아 있는 모습을 기대했던 것 같다. 바로 그때 그 귀엽기 그지없는 알렉스 전하가 내 손등으로 사뿐히 올라와 어깨까지 당당히 걸어가서 뒤늦은 내 아부를 흡족하게 받아들였다."

알렉스는 자신의 준수한 외모를 드러내놓고 뽐낸 적은 없었다. 하지만 캐롤이 묘사한 것처럼 알렉스가 거만하다는 것은 맞는 말이었다. 항상 그런 건 아니고, 도도함이 늘 하늘을 찌른 것도 아니지만 알렉스는 기분이 내키면 거만한 황제 역할을 아주 능숙하게 해냈다. 그리고 그런 일은 종종 있었다.

1970년대 중반에 알렉스와 연구를 시작한 후로 나는 알렉스가 사물의 이름을 말하고 이해하는지, 그리고 어떻게 인간의 요구에 반응하거나 또는 직접 요구하는지를 집중적으로 연구했다. 다시 말하면 인간의 언어로 시도하는 양방향 의사소통에 집중한 것이다. 나와 처음 연구한 대학원생 중 하나인 다이앤 패터슨은 언어학을 진공했다. 그래서 알렉스의 발성에 대해 다양한 질문을 던져볼 수 있는 좋은 기회가 됐다.

애초 내가 알렉스를 장시간에 걸친 연구 프로젝트의 파트너로 고른 이유는 회색 앵무새들이 다른 종류의 앵무새에 비해 영어를 상당히 분명하게 말할 수 있다는 걸 알았기 때문이다. 회색 앵무새들은 분명히 말할 수 있을 뿐 아니라 주인의 목소리와 거의 똑같은 목소리를 낼 수 있다는 일화들을 이 앵무새를 키우는 사람들에게서 나는 수도 없이 들었다. 내 친구인 데보라와 마이클 스미스는 찰리 파커라는 이름의 회색 앵무새를 키운다. 찰리는 마이클과 아주 가까워져서 말도 마이클처럼 하는데 가끔은 그래서 마이클이 창피한 경우도 있었고, 반면 가끔 그걸로 득을 보는 경우도 있었다. 이런 일이 있었다고 한다.

데보라가 한 번은 아주 불쾌한 보험회사 직원과 통화를 하고 있었다. "그 남자는 기차 화통을 삶아먹은 것 같은 큰 소리로 무례하고 고압적으로 말하고 있었지." 데보라가 말했다. "그런데 나는 재치 있게 그 남자의 말을 받아넘기지 못하고 쩔쩔 매고 있었어." 찰리는 남자가 계속 무례하기 짝이 없는 말을 하자 새장 한 편에 붙어서 안절부절 못하고 있었다고 한다. "그러다 찰리가 갑자기 마이클 목소리로 이렇게 소리를 지르는 거야. '입 닥치지 못해, 이 개자식아.' 그 남자는 너무 놀라서 아무 말도 못하더군. 그래서 내가 그랬지. '이젠 더 할 말 없겠죠.' 그걸로 그 재수 없는 통화가 끝났지."

데보라와 마이클의 일화에 견줄만한 에피소드는 없지만 내가 보스턴에 살 때 생긴 보스턴 액센트를 알렉스가 미미하게나마 배웠다는 것을 잘 알고 있었다. 알렉스가 "워너 샤워

(샤워 하고 싶어)"라고 말할 때 보스턴 주민들이 '워너 샤우-워'라고 발음하는 것처럼 매력적으로 'r' 발음을 삼켜버린 발음을 하는 것이 한 예다.

물론 나와 학생들은 알렉스가 내는 소리를 이해하는 데 전혀 문제가 없었다. 연구 결과에 의하면 우리가 어떤 액센트로 말하건 알렉스 역시 우리말을 아주 잘 이해했다. 다이앤과 나는 두 가지 질문을 던졌다. 먼저 알렉스의 말이 우리가 듣기엔 영어로 들리지만 그 말이 정말로 소리 특성상 영어와 같은 소리가 나는 걸까? 수년 전 저명한 언어학자인 필립 리버만은 앵무새들이 사람들처럼 말소리를 내는 게 아니라 휘파람 소리를 절묘하게 조합해서 사람들이 하는 말소리를 흉내낸다는 가설을 제시했다. 그 결과 사람이 내는 소리와 앵무새가 내는 소리의 특성은 매우 다르다는 것이다. 우리가 제기한 두 번째 질문은 알렉스의 성도와 혀가 우리의 그것들과 매우 다르고 알렉스에게는 부리가 있지만 입술은 없는 것처럼 해부학적 구조가 우리와 아주 다른데 어떻게 우리 귀에 사람들이 하는 말과 똑같은 소리를 내냐는 것이었다.

이런 의문에 답하기 위해 우리는 알렉스가 질문에 대답할 때 내는 소리를 녹음하고 분석할 수 있는 특수 장비를 사용했다. 그리고 알렉스를 심장 엑스레이를 찍는 기계에 넣어서 소리를 낼 때 몸의 각 부위가 어떻게 움직이는지, 혹은 움직이지 않는지 볼 수 있도록 했다. 언어학적 분석을 하자면 아주 복잡해질 수 있기 때문에 더 이상 자세한 내용은 여기 기록하지 않겠지만 한 가지만 강조한다면 다음과 같다. 인간 언어의 근본적인 음향 요소는 포먼트(모음의 구성 요소-옮긴이)라고 하며, 이 포먼트는 우리가 내는 말소리의 특징이 되는 에너지 패턴을 뜻한다. 예를 들어 언어학자가 누군가 이야기하는 소노그램(초음파를 이용한 검사도-옮긴이)을 보면 그는 그 사람이 어떤 -'오' 혹은 '에' 혹은 '아'와 같은- 발음을 하고 있다는 것을 인식할 수 있다. 또한 그 소리가 인간이 내는 소리라는 것을 구별할 수 있다.

다이앤과 내가 알렉스의 발음을 소노그램으로 봤을 때 그 패턴은 내가 내는 소리 패턴과 동일하지는 않았지만 포먼트를 비롯해 각 구성요소가 아주 유사했다. 따라서 인간의 언어는 한때 생각했던 것처럼 그렇게 유일무이하지 않다는 것이 드러났다. 알렉스는 소리 특성상 우리가 내는 소리와 아주 유사한 소리를 낸다. 그러니 우리가 서로를 이해할 수 있고, 상대방이 내는 소리를 알아들을 수 있다는 게 이상한 일도 아니었다. 하지만 알렉스가 어떻게 그렇게 하느냐는 문제는 아주 복잡하고 까다로운데다 실상 이 앵무새가 인간이 내는 소리를 낼 수 있다는 사실만큼 흥미롭지도 않다.(이점에 대해 더 자세히 알고 싶은 독자는 나의 책 《알렉스 연구》의 16장을 참고하기 바란다.)

이 실험 과정에서 가장 흥미로웠던 발견은 우리가 사물의 이름으로 인식하는 소리를 알렉스가 발음하는 방식이었다. 예를 들어 '콘(옥수수)'과 '키'를 보자. 알렉스가 단순히 이 단어들의 발음만 모방하고 있다면 알렉스는 이 단어들을 하나의 소리로 배워서 발음할 것이다. 우리는 '콘'과 '키'라는 단어를 말할 때 음절을 끊어서 발음한다. 그래서 '콘'의 'ㅋ'은 '키'의 'ㅋ' 발음과 다르며, 각 단어는 '온'과 '이'라는 소리가 있어야 완전해진다. 이런 행위를 근사하게 표현하자면 '선행 동시 조음(anticipatory co-articulation)'이라고 한다. 지금까지 학계 이론에 따르면 이런 행위를 할 수 있는 동물은 없어야 했다. 하지만 다이앤과 내가 실제로 증명한 것처럼 알렉스는 그걸 해냈다. 이 말은 즉 이런 언어 패턴은 많은 사람들이 생각하는 것처럼 인간 고유의 특징이 아니라는 것이다.

이 행위는 언어 능력을 갖추는 데 필요한 몇 가지 기본 자질 중 하나인데 우리가 그걸 알렉스의 뇌에서 발견한 것이다. 다시 한 번 강조하지만 이것으로 알렉스가 언어 능력이 있다고 주장하는 것은 아니다. 하지만 알렉스의 그러한 능력 덕분에 우리는 언어의 본질에 대해 좀 더 의문을 가지고 어떻게 인간이 이 언어능력을 갖게 됐는지 연구하는 계기를 얻을 수 있게 된 것이다. 정말 똑똑한 새라니까.

1995년 봄 나는 알로와 장기적으로 연구 작업을 하는 것이 가능하지 않다는 것을 깨달았다. 내키지 않았지만 나는 어쩔 수 없이 알로를 유타 주의 솔트 레이크시에 살고 있는 내 친구 데비 슐터와 살도록 보냈다. 데비라면 알로를 잘 돌봐줄 거라는 걸 난 알고 있었다. 이제 알로를 대신할 새 앵무새를 찾아야 했다. 국내에서 가장 뛰어난 조류 수의사중 하나인 브랜슨 리치가 그의 친구인 테리 클린이 내 연구에 앵무새 한 마리를 기증하겠다는 뜻을 전해 왔다.

테리는 조지아에서 변호사로 일하고 있지만 부업으로 '아팔래치 강 사육장'에서 회색 앵무새들을 번식시키는 부업에 열정을 쏟고 있었다. 우리는 통화부터 먼저 했다. 그녀는 생후 13주로 깃털이 다 나고 젖도 다 떼서, 갈 준비가 된 완벽한 후보가 있다고 말했다. 그래서 내가 그 다음 주에 비행기를 타고 워싱턴 D.C.에 갈 예정인데 볼 일을 끝내고 집에 오는 길에 거기 들려서 새를 데려오기로 합의를 봤다. 그때가 6월 초였다.

아테네의 서쪽 파밍턴에 있는 테리의 아름다운 목장에 도착하자 그녀는 즉시 나를 사육장으로 데려갔다. 나는 어린 회색 앵무새들이 모여서 삐약거리는 바닥에 앉아 있게 됐다. 그 광경은 아주 장관인데다 소리도 무지하게 시끄러웠다. 테리가 날 위해 데려갈 새를 미리 골라 놓긴 했지만 어쨌든 그때 나는 사육장에 있던 아기 새들과 함께 바닥에 앉아 있었다. 그때 곧장 그 무리 중에서 가장 조그만 놈이 짹짹 거리면서 내게 오려고 뒤뚱뒤뚱 걸어왔다. 그 새는 제대로 걷지도 못했고, 작은 몸에는 깃털이라기보다 깃대가 성글게 나 있었다. 그리고는 다가와 내 청바지를 잡아당기기 시작하더니 또 짹짹 울었다. 작은 덩치에 비해 머리는 터무니없이 큰 데다 눈하며 부리가 한데 몰려 있는 몽실몽실 털 뭉치가 그렇게 귀여울 수가 없었다. 꼬마는 에너지와 정열을 풍기며 온 몸으로 내게 돌진해왔다. 그걸 보고 테리가 말했다. "있지, 이렌느. 내 생각에, 저기……." 나는 고개를 끄덕이며 말했다. "그래, 테리. 나도 같은 생각이야." 생후 7주 반 된 꼬맹이가 친히 날 고른 것이다. 그러니 내가 어떻게 마다할 수 있었겠는가.

우리는 한참 웃었고, 아기 새를 구구거리며 어르고 나자 테리가 물었다. "회색 앵무새에게 손으로 먹이 주는 방법은 알아, 이렌느?"

전에는 그런 일을 할 필요가 없었다. 키요는 손으로 먹이를 먹여야 할 필요도 거의 없었고, 그것도 스푼으로 먹였다. "한 번도 없는데." 내가 대답했다. "그렇다면 당장 가르쳐줘야겠군." 테리는 곧장 시범을 보여주었다.

이 어린 회색 앵무새와 같은 꼬맹이는 주사기를 사용해서 먹여야 한다. 이것은 아주 까다로운 일인 데다 자칫 잘못하면 앵무새를 죽일 수도 있다. 만약에 주사기에 든 유아용 유동식을 식도가 아니라 호흡관으로 잘못 분출시키면 새는 죽게 된다. 나는 새로 입양한 이 소중한 회색 앵무새를 어떻게 하면 죽이지 않을 수 있는지 긴장하면서 한 시간 동안 속성으로 열심히 배웠다.

"이것도 가져가." 내가 어린 앵무새를 조심스럽게 고양이 이동장에 넣어서 떠나려고 할 때 테리가 말했다. 그녀는 내게 작은 판지 상자 하나를 줬다. 열어보니 핑크색 유리 상자가 하나 나왔고, 그 속에는 채 두 달도 되기 전 어린 앵무새가 깨고 나온 1인치 정도 되는 하얀 알껍데기가 탈지면에 정성스레 싸여 있었다.

"고마워, 테리." 난 감사를 표하고 그 상자를 핸드백에 넣었다. 공항에 도착했을 때 나는 솔트 레이크 시에 있는 데비에게 전화해서 말했다. "데비, 필요한 거 있으면 언제든 전화하라고 했지? 지금 당장 날 만나러 투싼으로 외줬으면 해." 나는 예기치 않게 일어난 이 상황에 대해 데비에게 자세하게 설명했다. 데비는 수의과 간호사로 어린 새들을 먹이는데 아주 능숙했다. 우리는 공항에서 만나서 함께 꼬마 새를 데리고 시내를 거쳐 실험실로 갔다. 데비는 거기서 며칠 동안 우리 팀원들에게 손으로 아기 새를 먹이는 방법과 위험에 대해 철저하게 가르쳤다. 그 후로도 우리는 조마조마한 기분으로 몇 달을 보냈다. 매일 나는 실험실로 출근하기 전에 사고가 났다는 전화가 집으로 걸려 올까봐 무서워했다. 다행히 그런 일은 일어나지 않았다.

어린 새를 기르는 것은 지금까지처럼 다 자란 새들을 길러왔던 것과는 천지차이였다. 내가 어렸을 때 키웠던 앵무새들은 모두 털도 다 나고 젖도 다 뗀 상태였다. 알렉스는 한 살 때 샀고, 알로와 키요는 알렉스보다는 어릴 때 들어와서 성적으로 미숙하긴 했지만 어쨌든 몸은 다 큰 상태였다. 결론적으로 실험실에 있던 앵무새 세 마리는 모두 스스로 자신을 돌보고, 모이도 먹고, 깃털도 다듬을 수 있었다. 하지만 새로 온 꼬마 새는 우리가 직접 손으로 하루에 서너 번씩 모이를 먹여야 했을 뿐 아니라, 몇 주 동안은 작은 담요에 싸서 안고 다녀야 했다. 실험실에 돌아가는 에어컨 바람은 깃털이 몇 개 안 난 꼬마 새에게는 너무 추웠다. 그리고 혼자 놔두면 빽빽거리며 울어대기 일쑤였다.

아마 이 꼬마 새는 그때까지 또래 어린 새들과 몰려 살면서 서로 몸을 맞대고, 서로의 심장 소리를 듣고, 거기서 온기를 느끼면서 안정을 느꼈을 것이다. 그래서 우리는 이 꼬마 새를 안을 때면 우리의 심장 소리라도 들을 수 있도록 해줘야 했다. 이 어린 새는 우리의 온기를 필요로 했으므로. 틈만 나면 나는 어미 새 대신 이 꼬마 앵무새의 깃털을 다듬어주고 새로 난 깃털에 생긴 각질을 벗겨주곤 했다.

그러다 보니 내게 전적으로 의지하는 어린 생명과 친밀한 시간을 갖게 되고, 아주 특별한 방식으로 유대 관계를 다지게 되었다. 게다가 이 꼬마 새는 너무 귀여웠다. 물론 내 마음에서 가장 특별한 자리를 차지하고 있는 것은 알렉스였지만, 이 꼬맹이 역시 꼬물대며 내 마음 속 가운데 자리로 조금씩 비집고 들어왔다.

이 신참에게 어떤 이름을 지어줄까? 우리는 몇 가지 이유로 그리핀이란 이름으로 낙찰을 봤다. 첫 번째 이유는, 1970년대와 1980년대에 동물의 사고 능력에 대한 탐구를 정통 과학의 한 분야로 수립하는데 기여한 도날드 그리핀이란 과학자를 기리기 위해서였다. 도날드는 또한 내가 퍼듀에 있을 때 연구 기금을 받을 수 있도록 도와준 고마운 분이기도 하다. 두 번째로 우리는 이 어린 새 특유의 외모가 그리핀이랑 닮았다는 생각을 했다. 그리핀은 그리스 신화에 나오는 반은 사자고 반은 독수리인 맹수이다. 마지막으로 세 번째 이유는, 그 해 여름 우리 실험실의 팀원들이 푹 빠져 있던 러브스토리 《그리핀과 사비네》라는 책에 앵무새 그림이 나오기 때문이었다. 그러한 이유들로 이 꼬마 앵무새의 이름은 그리핀으로 결정됐다.

그리핀에게 나는 엄마와 같은 존재였다. 그래서 나는 그리핀을 훈련시키는 데 참여하지 않고 테스트를 할 때도 다른 사람들과 같이 했다. 과학자로서 나는 거리를 둬야 한다고 생각했기 때문이다. 그리핀이 도착한 지 얼마 후에 우리는 그리핀을 알렉스에게 소개시켜야겠다고 마음먹었다. 어린 새와 만나게 되면 어른 새는 어린 새를 보살피는 부모와 같은 반응을 보이면서 감싸주는 경향이 있다. 우리가 세운 계획의 일부는 알렉스가 그리핀의 트레이너 역할을 하면서 우리 중 하나와 같이 라이벌-모델 프로그램을 진행하는 것이다. 따라서 두 새가 친해지는 것은 프로그램의 진행에도 도움이 될 것이다. 나는 그리핀을 데리고 알렉스의 테이블로 갔다. 알렉스는 판지 상자에 그가 걸어 다닐 수 있는 문과 다른 구멍들을 만드느라 여념이 없었다. 그 방식은 야생에서 살았더라면 둥지로 삼을 구멍을 파는 방법과 같았다. 나는 알렉스의 둥지 같은 환경에 새로 온 어린 새를 소개하는 것이 아주 쉬울 거라고 예상했었다.

나는 부드럽게 그리핀을 테이블 위에 올려놨다. 알렉스는 하던 일을 멈추고 그리핀을 보다가 곧장 '날 건드리지 마' 하는 신호로 으르렁거리더니 깃털을 곤두세우고, 살기등등하게 부리를 틀면서 천천히 그리핀을 향해 걸어오기 시작했다. 알렉스의 의도는 분명했다. 알렉스는 그리핀의 급소를 노리고 있었다. 나는 곧장 불쌍한 그리핀을 들어 올려 다치지 않게 하면서 잘못 판단한 것을 후회했다. 알렉스의 '영역'을 침범하는 대신 그리핀이 있는 곳에 알렉스를 데려와야 했던 것이다. 하지만 이미 상황은 벌어져버렸고, 다시 시도하기엔 너무 위험했다. 그 사건이 일어난 후로 알렉스는 자신의 왕국인 테이블 한 가운데 앉아서 깃털을 고르면서 자못 흡족한 표정을 지었다. 우린 알렉스가 그리핀을 감싸면서 부모 같은 역할을 해줄 거라는 기대를 일단 접고 연구를 계속해야 했다.

텃세를 부리는 것은 회색 앵무새의 본성인데 특히 알렉스처럼 무리 중에서 주도적인 위치를 차지하는 새가 그렇다. 예를 들면 알로나 키요 둘 다 알렉스의 테이블에 감히 올라가지 못한다. 처음 우리가 제때 끼어들지 않았다면 부리로 싸우는 육박전이 터졌을 것이다. 심지어는 장난감의 경우도 마찬가지다. 회색 앵무새처럼 생겼고 또 새 소리를 내는 장난감도 알렉스가 달가워하지 않는다는 것이 드러났다. 1990년대 중반에 사람들이 하는 말이나 소리의 마지막 부분을 반복해서 말하는 장난감들이 잠깐 유행한 적이 있었다. 대학원생 하나가 그런 장난감 중에서 봉제 앵무새 인형 하나를 실험실에 가져왔다. 그녀가 알렉스의 테이블에 그 장난감을 놓자 알렉스는 그리핀을 봤을 때 처음 그랬던 것과 똑같은 행동을 했다. 그는 천천히 장난감에게 다가가서 먼저 머리를 들이밀고 부리를 쭉 뺀 다음 그 유명한 으르렁거리는 소리를 냈다. 장난감도 방금 알렉스가 냈던 으르렁거리던 소리를 그대로 따라했다. 그러자 알렉스는 격분해서 펄펄 뛰면서 그 장난감을 찢어발기려고 했다. 그래서 사람들은 그것을 치워 버리고 다시는 실험실에 가져오지 않았다.

물론 모든 장난감 새가 이렇게 알렉스의 공격적인 반응을 이끌어낸 건 아니었다. 어떤 장난감은 본능적으로 적대적인 반응을 이끌어냈지만 그렇지 않은 장난감도 많았다. 지역 방송국에서 알렉스가 나오는 프로그램을 방영한 후에 시청자 하나가 알렉스에게 장난감 앵무새를 보냈는데 버튼을 누르면 노래가 나오는 것이었다. 우리는 그 장난감을 알렉스의 테이블 한 쪽에 매달아놨는데 처음 알렉스는 장난감을 완전히 무시했다. 한 주 정도 지난 후 알렉스는 대롱대롱 매달린 그 장난감 앵무새를 열심히 쳐다보다가 가까이 다가가더니 말했다. "간질여줘." 그리고는 장난감을 향해 머리를 숙였다. 똑같이 그렇게 행동하면 실험실 학생들은 충성스럽게 알렉스의 목을 간질여줬었다. 그런데 당연하게도 장난감은 아무 반응도 없었다. 몇 초 후 알렉스는 고개를 들어 그 장난감을 보며 말했다. "이 바보야!" 그리고는 발끈해서 반대쪽으로 걸어가 버렸다. 학생들은 가끔 알렉스가 바보 같은 짓을 하면 "이 바보야"라고 말했으니까. 알렉스는 분명 어떤 훈련이 없이도 그 신랄한 호칭을 어떻게 써야 하는지 익힌 모양이었다.

베른트 하인리히는 버몬트 대학의 동물학 교수였는데 지금은 은퇴했다. 그가 열정적으로 연구했던 동물 중 하나는 갈까마귀였다. 나처럼 하인리히도 새의 지능에 대해 호기심이 많았다. 1990년 말 어느 날 그는 갈까마귀가 매우 영리하다는 통념을 시험해보기로 했다. 하인리히는 30인치 길이의 끈 한쪽에 고기조각을 하나 매달았다. 끈의 반대쪽은 사육장에 있던 나무에 수평으로 뻗은 가지 중간에 매어놓고 까마귀들이 어떻게 접근하는지 관찰하기 위해 의자에 앉았다.(그 고기는 육포라서 새들이 그냥 고기만 떼어서 날아 갈 수 없었다.)

얼마 있다가 갈까마귀 한 마리가 끈 옆 가지에 내려 앉아 부리로 끈을 잡아 들어 올려 한쪽 발톱과 가지 사이에 고리를 만들어 걸었다. 새는 그 행위를 여섯 번을 해서 결국엔 끝에 매달린 고기를 부리로 잡을 수 있는 거리까지 끌어왔다. 하인리히가 보기엔 새가 상황을 판단해서 고기를 끌어올 수 있는 방법을 고안한 다음 행동으로 옮긴 것처럼 보였다. 거기에는 어떤 시행착오도 없었고, 연습도 없었다. 갈까마귀는 하인리히가 쉬이하고 쫓아냈는데도 고기를 가지고 날아갈 시도도 하지 않았다. 분명 그 새는 고기가 단단히 묶여 있다는 걸 이해하고 있있던 것이다.

내가 보기에 이것은 아주 우아한 훈련처럼 보였고, 새의 두뇌를 연구한다는 면에서 경쟁심이 불타올랐다는 것도 부인할 수 없었다. 하인리히의 갈까마귀들이 그런 일을 할 수 있을 정도로 영리하다면 내 회색 앵무새들은 어떨까? 그의 논문이 1995년 나온 직후 나는 실험실에서 비슷한 실험을 한 적이 있다. 나는 회색 앵무새의 취향을 고려해서 고기가 아니라 앵무새들이 좋아하는 종을 썼다. 나는 키요를 횃대에 앉혔다. 키요는 횃대에 매달아 놓은 종을 내려다보다가 정확히 까마귀가 했던 그대로 부리와 발톱을 사용해서 서서히 그 종을 끌어올렸다. 회색 앵무새가 1점을 올린 것이다.

 알렉스 차례가 왔다. 알렉스에게는 종이나 장난감보다는 평소 아주 좋아하는 아몬드를 썼다. 횃대에 올려놓자 알렉스는 아몬드를 내려다보다가 나를 봤다. 그리고 아무 행동도 하지 않았다. 나는 알렉스가 무슨 생각을 하고 있는지 궁금했다. 몇 초 지난 후에 알렉스가 말했다. "아몬드 집어."

 나는 놀라서 말했다. "아냐, 알렉스. 네가 아몬드를 집어야지." 알렉스는 다시 나를 보더니 말했다. "아몬드 집어!" 이번에는 좀 더 집요하게 말했다. 나는 몇 번 더 알렉스에게 아몬드를 집어보라고 부추겼지만 알렉스는 들은 척도 하지 않았다. 앵무새 한 마리는 우리가 의도한 대로 그 실험을 통과했지만 알렉스는 도통 실험에 응하려고 하지 않아서 우리는 그 결과를 발표할 수도 없었다. 그러다 몇 년 지난 후에 그리핀이 알렉스가 했던 그대로 말하는 걸 보면서 나는 그때서야 상황을 파악할 수 있었다.

 알렉스가 물건들의 이름을 배우고 사람들에게 원하는 것을 부탁할 수 있게 되면서 알렉스는 자신의 환경을 지배할 수 있게 되었고, 주변에 있는 사람들을 부려먹을 수 있는 능력을 맘껏 즐겼던 것이다. 사무실에서 보스 노릇을 하는 알렉스의 성격은 노스웨스턴 대학에 있을 때 처음 드러났다가 투싼에 자리 잡았을 때는 완전히 그 본색이 나왔다. 학생들은 알렉스가 끊임없이 사소한 요구를 하면서 실험실을 뛰어다니게 만들었기 때문에 농담으로 자신들을 '알렉스의 노예'라고 말하곤 했다. 알렉스는 특히 새로 온 학생들에게 가차 없이 굴었다. 그는 알고 있는 말을 죄다 동원해 읊어가면서 시켰다. "옥수수 줘…땅콩 줘…어깨에 올라갈래…체육관에 갈래." 알렉스의 요구는 끝이 없었다. 이것은 신참들이 거쳐야 할 알렉스표 통과 의례였다. 불쌍한 신참 학생들은 알렉스가 원하는 걸 다 들어주느라 정신없이 뛰어다녀야 했고, 반항하면 알렉스 곁에는 얼씬거릴 수도 없었다.

끈 잡아당기기 테스트에서 알렉스가 '실패'한 이유는 알렉스의 지능이 모자라서가 아니었던 것이다. 알렉스는 자신이 원하는 대로 내가 해줄 거라고 기대하고, 자기에겐 그럴 자격이 있다고 생각한 것이다. 오히려 이렇게 묻는 편이 옳을지 모른다. 알렉스는 실패했던 테스트를 왜 키요는 성공했을까? 아마 실험을 할 당시 키요는 사물의 이름도 잘 모르고 자신이 원하는 것을 요구하는 것에도 익숙하지 않았고, 사람들에게 뭘 해달라고 요구하는 것은 더욱 어색했을 것이다. 그래서 자신이 원하는 것을 얻기 위해 앵무새로서 타고난 지능에 의존했던 것이다. 반면 알렉스는 자신의 권리에 의존했다.

새들은 훈련을 받고, 가끔은 테스트를 받고, 종종 학생들과 놀거나(알렉스의 경우에는 학생들에게 명령을 내리면서) 하루가 바쁘게 흘러갔다. 5시가 되면 학생들은 집으로 갔고, 그러면 그때부터는 나와 새들만 남아 있었다. 키요는 다른 새들보다 붙임성이 없어서 그 뒤로는 자신의 새장에 들어가는 걸 더 좋아했다. 나는 알렉스와 그리핀을 옆에 두고 저녁을 먹었다. 사실은 둘 다 내 저녁을 먹으려고 들어서 셋이 같이 먹었다고 하는 편이 옳을 것이다. 둘은 모두 깍지콩과 브로콜리를 아주 좋아했다. 내가 공평하게 나눠주지 않으면 두 마리 앵무새가 다 불만에 차서 시끄럽게 소리를 질러댔다. "초록색 콩." 알렉스는 자기보다 그리핀에게 콩을 더 많이 줬다고 생각하면 이렇게 소리를 질렀다. 그리핀도 마찬가지였다.

이렇게 같이 저녁을 먹다보니 둘은 익살맞은 듀오가 됐다. "초록." 이렇게 알렉스가 목청을 돋우면 "콩"하고 그리핀이 받아치곤 했다.

"초록."

"콩."

"초록."

"콩."

둘은 그렇게 소리를 지르면서 신나게 놀곤 했다.

저녁을 먹은 후 나는 알렉스와 그리핀을 사무실로 데려가서 내가 이메일을 보내고 컴퓨터로 작업하는 걸 볼 수 있도록 각각 횃대에 앉혀 놓았다. 둘은 끊임없이 땅콩이나 옥수수, 파스타 같은 간식을 달라고 졸랐다. 알렉스는 그리핀보다 '연장자'였기 때문에 알렉스의 횃대가 그리핀의 것보다 조금 더 높아야 했다. 어디에 있던 알렉스가 항상 대장이어야 했다. 알렉스는 늘 그리핀을 질투했는데 아마 그리핀이 어렸을 때 우리가 이 어린 앵무새에게 관심을 많이 쏟아서 그런 이유도 있었던 것 같다. 이유가 뭐든 내가 실험실에 들어와서 알렉스에게 아는 척 하기 전에 그리핀에게 먼저 인사를 하면 그날 알렉스와 작업하는 건 포기해야 했다. 알렉스는 그날 내내 부루퉁해서 내 얼굴도 안 보려고 들었다.

알렉스를 그리핀의 가정교사로 삼으려던 우리의 계획은 어느 정도는 실현됐다. 하지만 그리핀은 알렉스가 트레이너로 있을 때보다 인간 트레이너가 두 명 있을 때 더 잘 배웠다. 이유가 뭔지는 우리도 잘 알 수 없었다. 짐작 기는 것은 몇 가지가 있었다. 하나는 알렉스가 항상 불쌍한 그리핀을 못살게 굴어서 그것 때문에 주눅 들었을 것이라는 점이다. 더구나 알렉스가 그리핀에게 질문을 하지 않으려고 해서 라이벌-모델 훈련 절차의 필수적인 역할 바꾸기를 할 수 없었던 경우도 빈번했다. 아니면 그리핀은 알렉스와 학생들 간에 특별한 짝꿍과 같은 관계가 정립돼서 자신은 거기에 끼어들어선 안 된다고 생각한 건지도 몰랐다. 야생에 사는 회색 앵무새들은 자신의 짝과 그런 식으로 한 쌍으로 구분된다.

알렉스는 으스대고 싶은 마음을 참지 못했다. 이 거만한 앵무새 대장은 그리핀이 곧장 답을 하지 못하고 망설일 때면 자신이 답을 말해버리기도 했다. 그렇지 않은 경우 그리핀에게 "더 잘 말해!"라고 면박을 주기도 했다. 아니면 그리핀을 혼란스럽게 만들려고 틀린 답을 대기도 했다. 그리핀은 성격이 좋아서 알렉스의 그런 악동 같은 짓과 횡포를 무던히 참아냈다.

알렉스는 실험실에 있는 다른 새들처럼 행복했다. 안 그럴 이유가 있겠는가? 이 앵무새들은 다른 애완 새들보다 훨씬 더 많은 관심과 애정을 만끽하고 있었다. 하지만 가끔 나는 알렉스에게 환경의 변화를 주기 위해 집으로 데려가곤 했다. 알렉스는 창가에 앉아서 나무들을 보면서 햇볕 쬐는 걸 아주 좋아했다. 알렉스가 집에 오면 날 아무 데도 못 가게하고 옆에만 있으려고 해서 집에 데려오는 게 항상 쉽지만은 않았다. 예를 들면 낮에 내가 일을 보러 나가야 해서 알렉스를 새장에 넣어놓으려고 하면 아주 싫어했다. 하지만 내가 집에 있고, 내 옆에 자유롭게 앉아 있으면 그보다 더 행복해 할 때도 없었다.

그런데 모든 것은 1998년 어느 날 바뀌었다. 그날 알렉스를 막 집에 데려와 횃대에 앉혔는데 갑자기 알렉스가 끔찍하게 고통스러워하면서 꽥꽥 소리를 지르며 말했다. "돌아가고 싶어…돌아가고 싶어!"

나는 알렉스에게 달려와서 물었다. "왜 그래, 알렉스? 뭐가 문제야?"

나는 창문 밖을 보고는 무엇이 알렉스를 놀라게 했는지 금방 알아챘다. 서부 스크리치 올빼미 한 쌍이 문밖 테라스 지붕에 둥지를 짓고 있었던 것이다. 알렉스는 태어나서 한 번도 올빼미를 본 적이 없었는데 분명 그 낯선 새들을 보고 겁에 질린 것이 틀림없었다. 나는 알렉스를 진정시키려고 했지만 소용이 없었다. 커튼을 닫아서 올빼미를 못 보게 했지만 그 역시 효력이 없었다.

"돌아가고 싶어…돌아가고 싶어!"

그것은 알렉스가 사물 영속성을 이해하고 있다는 것을 분명하게 보여줬다. 알렉스는 더 이상 올빼미들을 볼 수 없었지만 그 낯선 새들이 아직도 그 자리에 있다는 걸 알고 있었던 것이다. 올빼미들은 집 바깥에 있고, 자신은 안전하게 안에 있었지만 여선히 두려웠던 것이다.

마지못해 나는 슬픈 마음으로 알렉스를 새장에 넣어 그날 저녁 다시 실험실에 갖다 놨다. 나는 알렉스가 다시는 이곳으로 돌아오지 않을 거라는 걸, 이번이 알렉스와 내가 집에서 함께 있었던 마지막이라는 것을 알고 있었다. 알렉스는 평생 사람들 옆에서 살았고, 태어나서 첫 1년을 빼고는 항상 나와 같이 있었다. 그리하여 나는 알렉스를 나의 운명과도 같은 새라고 항상 생각하고 있었지만 이 회색 앵무새의 마음속에는 언제나 그랬듯이, 앞으로도 어떤 사람도 닿을 수 없는, 심지어 나조차 닿을 수 없는 뭔가가 있다는 걸 그때 난 깨달았다. 알렉스의 두뇌에 그 작은 올빼미의 이미지가 순식간에 들어왔을 때, 거기서 절박하고 본능적인 메시지가 즉각 튀어 나왔던 것이다. '포식동물이다! 위험해, 숨어!' 그것은 본능적인 반응으로 그의 DNA에 깊게 새겨진 감각이었다. 그런 면에서 나는 결코 알렉스를 달래줄 수 없었던 것이리라.

| chapter 6 |
하이테크 세상으로 간 알렉스

나와 학생들은 아주 오랜 시간을 알렉스와 보내면서 그에게 사물의 이름과 개념을 말하고 이해하게 가르쳐 왔다. 그에 보답하듯 알렉스는 기대 이상으로 이상적인 성과를 이뤄냈다. 하지만 가르치지 않았는데도 알렉스가 스스로 배우고 깨우친 이름과 구절들을 무심결에 말했을 때가 특히 더 기억에 남았다. 알렉스가 나에게 "진정해"라고 말한 날이 바로 그런 날이었다.

20세기가 끝나갈 때쯤 내 직장은 점점 더 끔찍해졌다. 투싼으로 이사 온 지 얼마 지나지 않아 종신 재직권을 획득했지만 난 여전히 부교수였다. 1996년 나는 교수 임용 심사를 받았지만 실패했다. 대놓고 그렇게 말했던 건 아니지만 '생물학과에 끼어있는 화학자'라는 내 독특한 상황도 감점 요인이 된 게 분명했다. 명백한 건 내게 기초 생물학을 가르치라는 압박이 점점 세게 들어왔다는 것이다. 나는 나와 같은 배경을 가진 사람이 그런 과목을 가르친다는 것은 부당하다고 느꼈다. 나는 종합대에서 생물학과 교수로 내가 크게 기여할 수 있는 부분은, 예를 들면 동물 대 인간의 의사소통과 같은 강좌를 가르치는 것이라고 생각했다. 그러나 대학 당국은 그런 강좌는 '특수 코스'로서 매년 최대한 많은 졸업생을 배출해야 하는 현실적인 목적에 부합하지 않는다고 일축했다.

뿐만 아니라 알렉스를 주인공으로 해서 텔레비전과 신문 기사에 내가 대외적으로 크게 노출되는 것에 분개한 동료들도 많았다. 질투란 인간관계를 좀먹는 독과 같다. 교수로 진급하지 못한 다음 해인 1997년이 안식년이었는데 나는 두말없이 안식년을 받아들였다. 나는 구겐하임 연구비를 받아서 알렉스와 20년에 걸쳐 연구한 내용을 정리한 책을 하버드 대학 출판사에서 《알렉스 연구》란 제목으로 펴냈다. 책을 쓰면서 나는 일상적으로 내게 쏟아지던 적의에서 벗어나 휴식을 취할 수 있었다. 그러나 그것 때문에 더 많은 미움을 받게 된 모양이었다. 과에서는 내게 안식년을 취소하고 생물학을 가르치라고 종용했지만 나는 다시 거부했다.

톨스토이가 한 말을 패러디하자면, 모든 끔찍한 직장은 각각의 방식으로 끔찍하지만 그 패턴은 같다고 말할 수 있겠다. 즉 사람들과 규칙과 환경이 어울려서 아주 부정적인 조합이 나오는 것이다. 여기서 이 이야기를 길게 할 생각은 없고 대신 알렉스에 대한 재미있는 이야기를 하나 해볼까 한다. 1998년 안식년을 마치고 돌아와 한 모임에 참석한 후 나는 이전보다 훨씬 더 투싼의 생활이 지겨워졌다. 정확한 이유는 기억이 안 난다. 어쨌든 나는 그 모임에서 돌아올 때 약이 오를 때로 올라서 오도 가도 못하게 된 내 팔자를 한탄하고 있었다. 보통 때 같으면 내가 실험실을 향해 복도를 걷고 있을 때 내가 오는 걸 알고 알렉스가 신나서 불어대는 휘파람 소리가 들렸다. 알렉스는 타일 바닥을 밟는 내 발소리에 익숙해져 있었고, 그래서 날 맞는 인사로 휘파람을 분 것이다. 하지만 이번에는 휘파람 소리가 들리지 않았다. 나는 실험실 문을 홱 열어 제치고 열불을 내면서 들어갔다.

알렉스가 날 힐끗 보더니 말했다. "진정해!" 알렉스는 내 발소리에서 뭔가 다른 기미를 듣고 내 눈치를 보고 있었던 것 같다. 나는 알렉스가 하는 말을 듣고 멈춰 섰다. 내가 그렇게 짜증이 난 상태가 아니었다면 난 이렇게 대꾸했을 것이다. "어머, 여러분, 알렉스가 방금 한 말을 들었어요?" 하지만 난 그렇게 말하지 않았다. 대신 나는 알렉스를 똑바로 노려보면서 쏘아붙였다. "진정하란 말 하지 마!" 그리고 나는 사무실로 들어가 버렸다.

1년이 지난 후 그 짧은 대화가 《뉴욕타임스》에서 그날의 인용어 코너에 실렸다. 알렉스와 나에 대한 기사에 그 대화를 인용했던 것이다. 그 기사에는 이런 표현이 있다. "가끔은 페퍼버그 박사와 알렉스는 오래 산 노부부처럼 말다툼을 한다."

한 달쯤 후에 나는 느닷없이 MIT(매사추세츠 대학)의 미디어랩 내 가전제품 연구소 소장인 마이클 보브에게서 연락을 받았다. 그는 내게 알렉스와 진행하고 있는 연구에 대해 미디어랩에서 강의를 하고 싶은지 물었다. 1980년 건축학 교수 니콜라스 네그로폰테와 전 MIT 총장인 제롬 와이스너가 창안한 미디어랩은 언론에 따르면 미국에 있는 가장 유명한 연구 기관 중 하나가 됐다. 이곳은 스튜어트 브랜드가 1987년 미디어랩에 대해 쓴 책에서 표현한 것처럼 '미래를 발명'하는데 전념하는 명석하고 엉뚱한 컴퓨터광들을 물심양면으로 지원하는 곳으로 명성이 자자했다. 미디어랩은 테크놀로지와 커뮤니케이션의 세계에서 '쿨'한 곳으로 정평이 나 있었다. 나는 그들이 왜 앵무새와 이야기하는 여인에게서 강의를 받고 싶어 하는지 그 이유를 상상할 수는 없었지만 신문과 잡지 기사를 보고 이곳에 대해 어느 정도 알고 있었다. 어쨌든 나는 그러겠노라고 대답했다. 여기서 강의를 하면 내가 사랑하는 보스턴을 방문할 수 있는 기회도 되고 하니 말이다.

미디어랩은 유명한 건축가인 I. M. 페이의 이름을 따서

'페이의 화장실'이라는 이름으로 주변에 알려진, 캠브리지의 에임즈 가에 있는 초현대적 건물에 있었다. 이름에 걸맞게도 그 건물 벽은 온통 하얀 타일이 붙여져 있었다. 나는 12월 초에 도착해서 마이클 보브를 만났다. 마이클은 점심을 같이 먹기 전 미디어랩을 구경시켜주면서 미리 경고했다. "미디어랩은 이곳에 초행인 사람에게는 좀 충격적인 곳입니다." 그 말은 틀린 말이 아니었다. 엘리베이터를 타고 이 건물 3층으로 올라가면 10대 소년의 보물섬과도 같은 테크놀로지 천국과 맞닥뜨리게 된다. 사방이 온통 유리벽으로 둘러져 있고, 컴퓨터가 도처에 있는데다 미디어랩의 용어를 빌자면 '물건들'이 그냥 바닥에 널려 있거나 벽과 천장에 주렁주렁 매달려 있었다. 마이클은 밤이 되면 이곳 복도에는 미니 로봇과 이상하게 생긴 자동 로봇들이 헤매고 다닌다고 말했다.

이곳의 창조적 기풍 덕분에 여기서 일하거나 배우는 사람들은 혁신과 기존의 권위에 대한 반발을 당연하게 여긴다. 이곳에서는 독특하고 기발한 사고를 허용할 뿐 아니라 오히려 적극적으로 장려하고 있다. 3층은 정원, 정글, 연못으로 다양하게 구분되어 있었는데 연못은 온갖 종류의 기괴한 생물이 기어 나올 것 같은 진흙으로 채워져 있는 곳을 가리켰다. 신문 기사나 텔레비전을 통해 미디어랩이 어떤 곳인지 알고 있다고 생각했지만 이정도로 독특하고 기발한 곳인 줄은 몰랐다. 난 무아경에 빠져 있었다.

점심을 먹으면서 마이클은 대수롭지 않게 말했다. "대학에 휴가를 내서 여기서 1년 정도 있고 싶은 생각은 없나요?" 나는 깜짝 놀랐다. 그런 생각은 전혀 해본 적이 없었으니까. 하지만 나는 그 즉시 다른 어떤 곳보다도 여기 있고 싶다는 걸 깨달았다. 나는 이렇게 대답했던 것 같다. "아, 최대한 빨리 언제까지 오면 될까요? 종신직으로 오는 걸 원하신다면 그것도 조정할 수 있어요." 나는 기뻐서 제정신이 아니었다. 지겨운 투싼 생활을 벗어날 절호의 기회가 온 것이다. 보스턴으로 돌아오면 지리적으로도 그렇지만 과학자로서 내가 하고 싶은 역할에 전념할 수 있을 것 같아 마치 고향에 돌아오는 것 같이 느껴졌다. 이렇게 하여 어쨌든 1년간은 다시 즐겁게 지낼 수 있게 된 것이다. 그 후에 또 어떤 일이 벌어질지 누가 알겠는가?

그러나 문제가 딱 하나 있었다. 지금까지 해오던 앵무새 연구를 계속 할 수는 있겠지만 나는 알렉스를 1년에 두 번씩이나 전국을 한 바퀴 돌아가면서 옮기는 것은 좋지 않다고 판단했다. 그래서 나는 유능한 실험실 동료들과 학생들의 손에 알렉스를 맡겨두고 1년간 떨어져 있기로 결정을 내렸다. 그건 고통스런 결정이었다. 다음 해 8월, 투싼에서 보스턴으로 차를 몰고 갈 때의 내 심정은 아주 복잡했다. 앞으로 1년간 나는 그간 꿈도 꾸지 못했던 흥미진진한 과학 연구를 하게 될 것이다. 자유분방한 사고를 하는 천재들 사이에서 최신식 기술을 이용해서 오랫동안 생각해오던 인지 분야에 대한 의문들과 맘껏 씨름할 수 있게 된 것이다. 평생직장을 빼고 이보다 더 좋은 조건이 있겠는가? 그러나 가슴 아픈 사실 한 가지, 알렉스가 나와 떨어져 남아 있어야 했다. 나는 한 달에 한 주는 투싼에서 보내면서 실험실이 계속 잘 돌아갈 수 있도록 관리하고, 학생들에게 조언을 해주고, 알렉스와 다른 새들을 보살피기로 했다. 전에도 출장을 자주 다녔기 때문에 알렉스와 며칠 떨어져 있는 건 처음도 아니었다. 하지만 이번에는 오래 떨어져 있게 될 것이고, 나는 물론 알렉스에게도 힘든 시간이 될 것이다.

MIT에서의 내 첫 업무 중 하나는 거기서 진행할 연구에 적합한 회색 앵무새 한 마리를 찾는 것이었다. 나는 미디어랩에 오기까지 지난 6개월간 이곳에서 뭘 할 것인지 생각해봤다. 내가 이곳에 초대된 이유는 나와 미디어랩의 공통 관심사가 지능적인 학습 시스템이었기 때문이다. 이곳에서 몇몇 사람이 컴퓨터 학습시스템을 연구하고 있었는데 내 앵무새 연구를 모델로 삼고 싶어 했다. 이 분야에서 우리는 서로 배울 수 있을 것이다. 하지만 나는 다른 가능성도 찾아내고 싶었다. 오랫동안 내가 고민하던 문제 중 하나는 애완동물로 키우는 앵무새들이 지루해하지 않을 방법을 찾는 것이다. 앵무새들을 키우는 사람들에겐 아주 흔한 골칫거리였다. 앵무새는 친화력이 강하고, 지능도 높은 생물이다. 이런 앵무새들에게 사람들이 관심을 쏟지 않고 지루하게 놔두면 이들은 스트레스를 받고 어쩔 때는 정신병이 발병하는 경우도 있다. 그런 앵무새들은 새된 소리를 지르면서 자기 깃털을 뽑아버린다. 회색 앵무새나 다른 종류의 앵무새를 키우는 사람들은 앵무새의 이런 면을 잘 몰라 주의를 기울이지 않는다. 앵무새를 새장에 넣어놓고 하루 종일 혼자 있게 하는 것은 아주 잔인한 짓이다. 나는 애완동물로 새를 키우는 사람들의 동호회에서 이 문제를 여러 번 이야기했다.

미디어랩의 재원이 풍부하니 나는 이곳의 기술을 이용해서 가정에서 키우는 앵무새들을 놀게 하고 즐겁게 할 수 있는 방법을 찾을 궁리를 하기 시작했다. 그러자면 간단한 장비를 조작할 수 있을 정도로 나이를 먹은 앵무새 한 마리가 필요했다. 어린 새는 그럴 능력이 없을 것이다. 나는 코네티컷에 있는 앵무새 사육자인 킴 가우데트에게서 한 살 먹은 회색 앵무새인 워트를 구했다.

처음 우리는 이 새로운 회색 앵무새에게 아더라는 이름을 붙였지만 사람들은 대번에 그를 워트라고 불렀다. 워트는 마법사인 멀린이 젊은 아더왕에게 붙여준 이름이었다. 불쌍한 워트는 어렸을 때 사고로 한쪽 발을 쓰지 못했다. 그래서 횃대에 앉고 음식을 집을 수는 있었지만 다른 회색 앵무새들처럼 자세가 안정되지 못했다. 우리는 이 가련한 새가 횃대에서 떨어져도 다치지 않도록 통상적으로 하는 절차인 날개를 자르지 않았다. 그래서 종종 워트는 횃대에서 떨어져 연못 근처 공중에 매달려 있는 고리 주위를 날아다니면서 사람들을 놀라게 하고 웃게 만들었다. 거기다 워트는 틈만 나면 비서에게 놀러가는 걸 좋아했다. 비서는 그에게 금지 식품인 포테이토칩과 프렌치프라이를 먹이곤 했으니까.

연구실의 철학은 단순했다. '여기는 물질적으로나 지적으로 막대한 재원이 있으니 실컷 즐겨봐.' 나는 곧장 부르스 블룸버그와 비공식적으로 한 팀이 됐다. 부르스는 개들이 어떻게 결정을 내리는지를 파악하여 쉽게 배울 수 있는 행동을 가르치는 컴퓨터 시스템을 만드는 데 집중하고 있었다. 그에게는 털이 비단결 같은 테리어가 한 마리 있었는데 아주 작고 귀여운 녀석으로 부르스는 그 테리어에게서 많은 영감을 얻는다고 말했다. 우리의 지적 관심사는 겹치는 부분이 많았고, 그는 '개 연구자'이고 나는 '새 연구자'라 우리는 서로를 '견족'과 '조류족'이라고 불렀다.

그 후 얼마 지나지 않아 나는 부르스가 데리고 있던 대학원생 중 몇몇과 다양한 프로젝트를 하게 됐는데 그중에서도 벤 레스너가 특히 많이 도와줬다. 우리 프로젝트는 〈시리얼 Tr-해킹〉(MIT에서는 농담으로 기술을 해킹이라고 부른다)이라고 불렀는데, 이 프로젝트에서 워트는 간단한 그림으로 나온 지시사항을 구분한 후 레버를 당기거나 튀겨 올리거나 돌려서 간식을 자기 앞으로 배달되게 한다. 또 다른 프로젝트는 '전자 새 돌보미'라는 것으로 앵무새가 소리를 질러대는 문제를 해결하기 위해 고안된 것이다. 이 프로젝트에서는 앵무새가 사진이나 비디오를 보는 스크린이 있어야 한다. 어떤 이미지를 보여줄지는 앵무새가 얼마나 소리를 지르느냐에 달려 있다. 앵무새가 적정 수준 이하로 소리를 지른다면 보여주는 이미지는 긍정적인 이미지들로, 예를 들면 새 주인이나 야생에 사는 앵무새 같은 사진들을 보여준다. 만약 앵무새의 휘파람과 비명 소리가 적정 수준을 넘어선다면 부정적인 물체들, 예를 들면 맹금이 내리 덮치는 사진이나 지상에 있는 육식동물이 근처에서 슬금슬금 기어오는 그런 사진을 보여준다. 이 프로젝트의 기본 아이디어는 마이크로폰 시스템으로 새가 지르는 소리 수준을 측정해서 그에 따라 보여주는 이미지들을 조절하는 것이다.

다른 프로젝트도 있었다. '똑똑한 둥지'라는 이름의 장치로 아프리카의 둥지가 있는 곳에서 앵무새들의 행동을 추적하는 장치이다. 우리는 회색 앵무새의 등에 달 수 있을 정도로 작고 가벼운 위치 확인 시스템 전자 추적 장치를 달아서 새들의 행동을 모니터할 수 있게 만들었다. 또한 우리는 앵무새의 어휘도 늘릴 수 있고, 자폐아들에게도 쓸 수 있는 시스템을 개발 중이었다. 우리는 라디오 주파수 식별 전자 추적 장치가 있는 일련의 '장난감'들을 구상했다. 장난감을 하나 집어 들면 그 장난감에 대한 비디오가 작동되게 된다. 예를 들어 만약 그 장난감이 열쇠라면(앵무새들은 몸을 긁을 때 열쇠를 사용한다) 비디오에 사람이 나와서 이런 말을 하는 것이다. "열쇠 하나를 가졌네. 와우! 이 열쇠 좀 봐." 장난감을 내려놓으면 비디오가 멈춘다. 어쨌든 기본 아이디어는 그랬다. 우리는 그것을 폴리글롯 컴퓨터라고 불렀다. 이 프로젝트의 문제는 실험 대상자가 질리지 않도록 다양한 내용의 비디오가 들어가야 한다는 점이었다.

이런 일련의 실험들은 사실 좀 지루한 감이 없지 않았다. 다름 아닌 워트가 이런 실험들에 참여할 때 지루해서 우리는 종종 애를 먹었다. 우리는 게임을 아주 재미있게 만들어서 워트가 오래 동안 집중할 수 있게 만들어야 했다. 실험을 하는 동안 대학원생이라도 하나 연구실에 들어오면 워트는 레버를 한 번 더 당기는 것보다 그 새로운 손님에게 더 관심을 쏟았다. 벤은 그와 동료 학생들이 워트와 경쟁하는 것 같은 기분이 든다는 말을 가끔 하곤 했다. 학생들이 머리를 써서 워트를 이기려고 하는 동안 워트 역시 같은 꿍꿍이를 썼다. 학생들은 내게 워트가 이런 말을 하는 것 같은 느낌이 든다는 말을 했다. '이봐, 좀 문제다운 문제를 내란 말이야. 이건 나 같이 똑똑한 새에게는 너무 쉽단 말이야!'

미디어랩에서 일 년을 보내면서 부르스와 나는 그 다음

해 봄 '유선 왕국'이라고 하는 미니 심포지엄을 열었다. 심포지엄의 참가자들은 야생과 동물원에 살고 있는 동물들을 연구하기 위해 전자제품을 사용하는 다양한 방법을 묘사했다. 나는 이런 똑똑하고 열정에 가득 찬 학생들과 같이 연구할 수 있는 기회를 가지게 돼서 아주 좋았다. 순간순간이 신났다. 미디어랩 측도 같은 생각이었던 모양이다. 우리가 주최한 심포지엄이 끝난 직후에 미디어랩 이사들이 내게 1년 더 머물러달라고 요청한 걸 보면 그렇다. 나 같은 객원 교수에게 그런 요청을 했다는 건 금시초문인데 말이다. 나는 이번에는 알렉스를 그냥 투싼에 놔두지 않으리라 굳게 다짐했다. 알렉스와 그리핀은 나와 워트와 함께 지낼 수 있게 보스턴으로 오게 됐다.

그 사이에도 워트는 이곳에서 신나는 생활을 하고 있었다. 새들의 성격에 대해 생각해보면 항상 이들의 너무나도 다른 개성에 미소가 떠오르게 된다. 알렉스는 선생님이 문제를 낼 때마다 정답을 알기 때문에 대답을 하고 싶어서 저요, 저요, 하고 손을 흔드는 학생과 같다. 그리핀은 영리하긴 하지만 수줍어서 선생님의 눈에 띄지 않도록 숨는 형이다. 워트는 인기가 많은 타입이라 친구들과 땡땡이 치며 노는 걸 즐기는 학생이다. 그리고 또 전자기기에 환장하는 십대 소년 같은 면이 있어서 실험실에서 하는 역할에 제격이다. 워트는 장비를 아주 능숙하게 조작할 뿐 아니라 그런 일을 아주 좋아한다. 워트는 관객이 있을 때도 자신만만하고 편하게 자신의 역할을 수행한다.

　미디어랩에는 항상 관객들이 있었다. 이곳은 거액의 자금을 투자하고 이곳에서 일어나는 일을 지켜보면서 득을 보는 후원자들과 기업가들로 북적댔다. 방문객들이 쉴 새 없이 들락날락거렸지만 큰 이벤트는 후원자들을 위한 행사로 봄에 한 번, 가을에 한 번 열리는 '시범 주간'이라는 아주 호화로운 행사가 있다. 시범 주간이 시작되기 직전의 미디어랩은 학생들이 시범을 보일 기기나 프로그램을 마지막으로 수정하고 다듬으면서 사실상 거기서 살다시피 하느라 난장판이었다. 미디어랩의 모토인 '시범하거나 죽거나'가 과장이 아니라는 소리다.

　당시 미디어랩의 분위기는 붕 떠 있었다. 주가는 매일 기록을 경신하고 있었고, 인터넷 기업에 대한 열광도 절정에 달해 있었다. 미디어랩은 기업에서 투자하는 돈으로 가득 차 있는 것 같았다. NSF에서 주는 연구비가 갱신되지 못했다는 걸 알았을 때 미디어랩은 이렇게 말했다. "걱정하지 말고 연구나 하세요." 나는 생각했다. '와우, 투싼이랑은 천지차이네.'

　시범 주간에 후원자들이 봐야 할 근사한 물건들이 끊임없이 쏟아져 나왔지만 살아 있는 앵무새가 보이는 시범 역시 그에 못지않은 인기를 누렸다. 워트는 2000년 봄 우리가 처음 참가한 시범 주간 행사에서 아주 근사하게 해냈다. 15분

간격으로 일단의 사람들이 우리 연구실로 들어오면 우리는 그동안 진행해온 프로젝트의 시범을 보였다. 워트는 지시한 대로 레버를 당기거나 튕겼다. 이 앵무새는 그런 방면에 타고난 소질이 있었다. 그 주가 끝나갈 무렵 불쌍한 워트는 기진맥진했다. 마지막 날 후원자 한 명이 또 들어왔다. 워트는 조용히 횃대 위에 앉아 눈을 감은 채 낮잠을 자고 있었다. 후원자는 연구실에 들어와서 워트를 보고는 좀 더 자세히 보기 위해 허리를 구부렸다. 워트는 천천히 눈을 떴다가 다시 감아버렸다. 여전히 몸은 꼼짝도 하지 않은 채로. 후원자가 감탄해서 소리쳤다. "아, 애니마트로닉스구나(영화 제작 등에서 동물, 사람의 로봇을 실제처럼 보이게 하는 전자 공학 기술―옮긴이)!" 내가 대꾸했다. "아니, 아니에요. 그 새는 로봇이 아니에요. 진짜 새인데 너무 가까이 가지 마세요. 물 수도 있어요!"

나는 알렉스와 그리핀과 같이 있을 수 있다는 생각에 한껏 들떴고 그 두 새를 이 새로운 테크놀로지 세계에 소개할 기대로 부풀어 있었다. 하지만 둘을 보스턴까지 데려오는 데는 장애가 많았다. 나는 마침내 달라스를 경유해 두 마리 앵무새를 각각 다른 이동새장에 넣어 야간 비행 편으로 보스턴에 데려왔다. 12시간 정도 지난 후에 그 불쌍한 새들은 보스턴에서 새장 밖으로 꺼낼 때까지 아주 힘들어했다. 그래선지 아무 것도 먹으려 들지 않았다. 나는 비행기 화장실에 새들을 데려가서 간식을 주면서 달래보려고 했었다. 하지만 둘

다 무지막지하게 스트레스를 받았다. 알렉스가 특히 꼬리 부분의 깃털을 다 씹어버려서 보기가 더 딱했다. 앵무새들은 스트레스를 받으면 종종 자신의 깃털을 부리로 뽑아버리는데 몇 달씩 나와 떨어져 있었던 게 참기 힘들었던 모양이었다. 나는 그동안 정기적으로 투싼에 다녀갔었다. 내가 돌아올 때마다 매번 알렉스는 날 다시 봐서 기쁘면서도 그동안 떨어져 있었던 것에 화를 내느라 툴툴거리곤 했다. 하지만 이제 우리는 다시 함께 있게 됐다.

2000년 9월 알렉스와 그리핀이 미디어랩에 도착한 직후 텔레비전의 과학 프로그램인 〈사이언티픽 아메리칸 프론티어〉의 제작자가 우리를 찍고 싶다고 연락해왔다. 나는 투싼에서 10년 전 그런 프로그램을 하나 찍은 적이 있었다. 이번에 찍을 내용은 애완동물과 기술에 대한 주제를 다루는 〈펫테크〉라는 제목의 프로였다. 진행자는 알란 알다였다. 드디어 꿈에 그리던 그 배우를 만나게 되다니.(알란 알다는 인기를 끌었던 소설로 텔레비전 시리즈이자 영화로 만들어진 M*A*S*H에 나온 인물―옮긴이.) 나의 대자가 된 레베카는 이 소식을 들었을 때 꺅꺅 소리를 지르며 흥분했다. 그녀는 그 영화의 광팬이어서 내게 사인을 받아달라고 부탁했다. 나는 나답지 않게 알란을 만나기 전 긴장했다. 하지만 알란은 만나고 보니 아주 선량하고 재미있고 친절한 사람이었다. 내가 레베카를 위해 사인을 받으려고 책을 내밀자 그는 내 대자의 이름이 뭔지 물으면서 영화에서 본 것처럼 눈썹을 치켜떴다. "당연히 사인 해드려야죠. 그러니까…… 대자의 이름이?" 나는 레베카라고 대답했다. 그러자 그는 웃으면서 말했다. "아, 정말로 대자를 위해 사인을 받는 거군요!" 나는 그 말이 무슨 뜻인지 몰라 얼굴을 찡그렸다. "그건…… 사람들이 종종 친구나 다른 사람들을 위해 사인을 받는다고 하지만 사실은 본인을 위해 사인을 받는 건데 창피해서 말을 못하더라고요." 그는 사인을 해줬고 나는 그 답례로 《알렉스 연구》란 책을 한 권 선물했다.

유명한 배우에 매력이 철철 흘러넘치는 알다가 오히려 알렉스와 알렉스의 능력에 홀딱 반했기 때문에 우리는 아주 재미있게 촬영했다. 이전에 방영했던 프로그램의 몇 장면을 먼저 보여주는 것으로 방송은 시작했다. 거기서 알렉스는 한 물체의 색깔을 알아맞히고, 개수와 어떤 색깔의 물체가 더 크냐는 질문에 정답을 맞혔다. 다음 장면에는 실험실에 있는 알다와 나와 알렉스가 나왔다. "안녕, 알렉스." 알다가 말했다. 그리고 나를 보면서 물었다. "지난번에 본 후로 알렉스가 또 뭐 새로운 걸 배웠나요?" 나는 그렇다고 대답하고 시범을 보이기 위해 준비했다.

나는 알렉스에게 열쇠를 두 개 보여주며 질문을 던졌다. "이게 어떤 장난감이지?" 그리고 또 "이게 몇 개지?", "뭐가 다르지?"라고 물었다. 알렉스는 몸 상태가 좋아선지 마지막 질문에서 약간 주저하긴 했지만 대체적으로 빠르고 정확하게 대답했다.

다음으로 나는 플라스틱으로 만들어진 색깔이 모두 다른 아라비아 숫자들이 담긴 쟁반을 내밀었다. 지금까지 알렉스는 6까지 숫자를 배웠다. "어떤 숫자가 초록색이지?" 내가 물었다. 알렉스는 머뭇거리다가 말했다. "땅콩 줘." "알렉스, 땅콩은 좀 있다가 먹어. 어떤 숫자가 초록색이지?" 나는 순간 이런 생각을 했다. '이런, 알렉스가 또 어깃장을 놓는 거 아니야?' 하지만 알렉스는 재빨리 대답했다. "4." 정답이었다. 그리고는 이어서 말했다. "땅콩 줘." 나는 알렉스에게 땅콩을 하나 줬다.

알다는 싱글벙글 웃으면서 알렉스의 재능에 감탄해서 머리를 절레절레 흔들고 있었다. 나는 알렉스에게 사물의 이름과 개념을 가르치는 데 쓰는 라이벌-모델 기법을 설명하고 바로 거기서 시범을 보이기로 했다. 내가 알다에게 스푼 하나를 들고 "이건 무슨 장난감이지?"라고 물었다. 우린 그런 식으로 질문과 대답을 주고받았다. 그러다 알다가 알렉스에게 돌아서서 물었다. "알렉스, 이건 무슨 장난감이지?" "땅콩 줘." 알렉스가 대꾸했다. 그러다 마침내 알렉스는 "스스"란 소리를 내며 비슷한 단어를 말했다. 알렉스가 발음하기에 결코 쉽지 않은 말이긴 했다.

"정말 믿기 힘들군요. 알렉스가 정말로 보시는 것처럼 해내고 있습니다." 알다는 카메라를 향해 돌아서서 흥미로운 프로젝트를 찍기 위해 여기 미디어랩에 자주 왔다는 말을 덧붙였다. "하이 테크놀로지로 유명한 이곳과 알렉스와 다른 새들이 좀 안 어울리긴 합니다." 그러면서 그는 앵무새들을 즐겁게 해주기 위한 오락기기를 발명하려는 내 시도에 대해 설명했다. "앵무새들에게 왜 장난감이 필요한지 알아보기 위해 보스턴에서 남쪽으로 한 시간 거리에 있는 포스터 패롯에 가보려고 합니다."

포스터 패롯은 마크 존슨이 운영하는 앵무새 구조 시설이다. 거기서 우리는 애완동물로 앵무새를 키우는 사람들이 하루 종일 새들을 혼자 내버려두는 문제에 대해 대화를 나눴다. 수년간 나는 주인들의 그런 태도를 바꿔보려고 노력했다. "이건 4살 먹은 아이를 아침에 놀이울에 넣고 하루 종일 거기 혼자 내버려 두는 것과 같아요"라고 내가 말했다. "그러다 당신이 집에 오면 아이는 당연히 화가 나고 울화가 치밀겠죠. 앵무새도 마찬가지입니다." "개들을 길들여 집에서 키우기까지 수천 년의 시간이 걸렸다는 점을 기억해야 합니다"라고 존슨이 설명을 거들었다. "대부분 개들은 집에서 혼자 있어도 괜찮습니다. 하지만 앵무새는 가축이 아닙니다. 앵무새는 야생 동물인데 우리가 그들의 세계를 방 하나로 심지어는 새장 하나로 축소시켰습니다. 이 점을 명심해야 합니다. 그래서 우리가 집에 없을 때 앵무새를 즐겁게 해줄 수 있는 방법이 필요합니다."

이 프로에서는 이어서 워트가 아주 능숙하게 시리얼 Tr-해킹 장비를 다루는 장면이 나왔다. 그리고 내가 나와서 '인터펫 익스플로러'라고 우리가 이름붙인 기기를 설명했다. 처음 앵무새가 혼자 놀 수 있는 방법을 찾기 위해 브레인스토밍을 할 때 벤 레스너가 그 아이디어를 냈었다. "앵무새가 흥미 있어 하는 사이트를 스스로 검색할 수 있도록 하는 방법을 찾아보면 어떨까요?" 그가 농담처럼 한 말이었지만 그 자리에 참석한 미디어랩 관계자들이 그 아이디어를 마음에 들어 해서 우리는 즉시 그 프로그램을 진행할 수 있는 기금을 받았다. 벤이 마침내 뭔가 만들어내긴 했지만 그것은 알렉스와 친구들이 인터넷을 검색할 수 있는 그런 방법은 아니었다. 하지만 신문기자들은 개의치 않았다. 신문에 나온 제목들은 화려하기 그지없었다. 예를 들면 '새에게 마우스를 줘봐'라든가 '웹 서핑을 하고 싶은 폴리', 또는 '인터넷에선 아무도 당신이 앵무새인 걸 모른다'와 같은 제목들이 쏟아져 나온 것이다.

그 아이디어의 실현을 위해 마침내 알렉스나 다른 두 앵무새 중에서 조작용 손잡이를 사용해서 4개의 모드를 선택할 수 있는 새에게 임무가 떨어졌다. 그 모드는 그림, 음악, 게임, 비디오 이렇게 4가지로 이루어져 있었다. 각 모드 내에는 또 4가지 선택지가 있었다. 음악 모드 안에는 클래식,

록, 재즈와 컨트리 뮤직, 이런 식으로. 워트는 알렉스와 마찬가지로 이런 모드에서 제공하는 프로그램들을 매우 능숙하게 다뤘다. 하지만 그리핀은 별로 관심을 보이지 않았다. 우리가 바라는 것은 집에 혼자 있는 새가 몇 시간씩 이 기구로 좋아하는 일을 하며 노는 것이었다. 여기서 한 가지 실질적인 문제가 불거져 나왔는데, 그것은 선택안을 다양하게 여러 개 만들어내야 한다는 것이었다. 15초 동안 나오는 비발디의 사계를 얼마나 오래 들으면 질려서 또 다른 것을 고르게 될까? 이런 고민 때문에.

인터펫 익스플로러의 견본은 〈사이언티픽 아메리칸 프론티어〉 프로그램을 촬영하기 전에 막 만들어졌다. 알렉스는 그 기구를 다루는 데 별로 경험이 없었다. 알다는 이렇게 전했다. "촬영을 하는 동안 알렉스는 컴퓨터 화면에는 관심을 보이지 않았습니다." 나로서는 놀랄 일도 아니었다. 알렉스는 작은 기계보다는 나와 알다 그리고 주변에서 일어나는 일에 훨씬 더 신경을 쓰고 있었다. 그래서 우리는 아무도 없는 방에서 알렉스를 컴퓨터 바로 앞에 앉혀놓은 채 촬영하기로 했다. 알렉스는 관심을 보이긴 했지만 거기 나오는 그림에는 역시 별로 흥미가 없어 보였다. 대신 음악은 마음에 들어 했다. 〈펫 테크〉는 알렉스가 스크린 앞에 앉아서 계속 음악만 골라 어떤 음악이 나오건 열심히 휘파람으로 따라 부르면서 머리를 까닥거리며 재미있어 하는 모습을 마지막 장면으로 내보냈다.

미디어랩에서의 내 생활은 단 한 가지만 빼면 모든 면에서 투싼에서의 생활보다 훨씬 나았다. 그 한 가지 문제는 바로 비좁은 공간이었다. 내게는 사무실이 따로 있었는데 워트도 그곳에 같이 있었다. 워트는 연구실의 애완동물로 여겨졌다. 물론 워트만 그런 것도 아니었다. 주변에는 항상 개가 몇 마리 돌아다니고 있었다. 3층 연못에서 조금 떨어진 우리의 작업 공간은 넓이 10피트에 높이 15피트로 그렇게 큰 방은 아니었다. 벤은 거기에 책상을 하나 두고 썼고, 스펜서 린도 그렇게 했다. 스펜서는 투싼에 있을 때 나를 도와줬던 대학원생으로 알렉스가 특히 아주 좋아했다. 알렉스는 물론 나와 특별한 관계였지만 일반적으로 남자들을 더 좋아했는데 특히 스펜서처럼 키가 크고 머리가 긴 남자를 좋아했다. 알렉스는 투싼의 실험실에 있을 때부터 스펜서를 찾아 아장아장 걸어 다니곤 했었다. 스펜서가 알렉스를 안아 올리면 알렉스는 스펜서의 팔위로 올라가 어깨에 앉아서 회색 앵무새의 '구애의 춤'을 췄다. 스펜서는 알렉스가 이름을 부른 유일한 사람이었다. "이리 와, 펜서."

하지만 1999년 스펜서는 알렉스의 눈 밖에 나는 중죄를 저질렀다. 회색 앵무새의 행동 생태학을 연구하기 위해 스펜서가 알렉스를 놔두고 석 달간 아프리카로 가버린 것이었다. 그로 인해 알렉스는 결코 그를 용서하지 않았다. 스펜서는 더 이상 알렉스가 최고로 좋아하는 사람이 아니었다. 그런데 지금은 모두 미디어랩의 이 작은 방을 같이 쓰고 있는 것이다. 벤, 그리핀, 워트, 임시로 일하는 프로그래머, 컴퓨터 몇 대, 다른 온갖 종류의 전자 장비들, 납땜 총, 새장 두 개, 그리고 새들을 훈련시키는 대학생들 한 무리가 모두 이 방에 몰려 와글거리고 있었다. 나는 벤과 스펜서가 어떻게 이 시끄러운 곳에서 일을 해내는지 당최 알 수가 없었다. 그들은 책상에 앉아서 뭘 읽거나, 컴퓨터 작업을 하거나, 애완동물 프로젝트를 위해 뭔가를 만들었다. 그들에게서 몇 발짝도 안 떨어진 곳에서 대학생들이 소리를 지르고 있었다. "알렉스, 숫자 3이 무슨 색이지? 무슨 색이야?" 아니면 "그리핀, 뭐가 문제야?" 새들이 질문에 대답하지 않을 때는 큰 목소리로 사람들을 부르기도 했다.

하이 테크놀로지의 사원에서 진풍경이 벌어진 것이다. 결국 벤과 스펜서는 이런 시끄러운 환경에서 돌아버리지 않기 위해 로우 테크놀로지에 의존하게 됐다. 그들은 공항 터미널에서 착륙 지점을 알려주며 비행기를 인도하는 관제탑 요원들이 쓰는 산업용 청력 보호기를 사서 끼었다. 벤 말로는 효과가 있다고 했다. 주변의 소음이 크게 줄어들어 일에 집중할 수 있다는 것이었다.

매일 오후 다섯 시경이 되면 알렉스가 이렇게 말했다. "돌아가고 싶어, 돌아가고 싶어." 이 말은 자신과 그리핀이 밤을 보내는 동물 관리 시설로 돌아가고 싶다는 말이었다. 한

편 워트는 내 사무실로 와서 잠을 잤다. "돌아가고 싶어"란 말은 곧 연구실 사람들이 다 따라하게 됐고 심지어는 벤까지 그 말을 달고 살았다. 벤은 일종의 게임으로 알렉스가 하는 말을 일상생활에서 얼마나 써먹을 수 있는지 시험 중이라고 말했다. 예를 들어 파티가 끝나갈 때쯤 부인에게 "돌아가고 싶어"란 말을 한다거나 하는. 어느 날 밤 레스토랑에서 벌어진 에피소드를 들려주자 친구들은 벤이 미쳤다고 생각했다.

"웨이터가 우리 테이블로 와서 말했어요. '오늘 특별 요리를 소개해드릴까요?' 우리가 그랬죠. '네.' 웨이터가 말하더군요. '페스토 소스를 얹은 농어에 호박과 깍지 콩을 곁들인 요리입니다.' 아내와 나는 마주 보면서 알렉스와 그리핀이 종종 듀엣으로 하는 것처럼 '초록' '콩'을 반복하며 이중창을 했죠. 웨이터는 이 사람들이 미쳤나? 하는 눈빛으로 보더군요." 알렉스는 그렇게 사람들의 머릿속에 지울 수 없는 인상을 남겼다.

2000년 가을 후원회 행사는 〈펫 테크〉를 찍은 지 몇 주 후로 날짜가 잡혀 있었다. 나는 알렉스와 함께 한 단어를 구성하는 각각의 소리 요소인 음소를 연습하는 모습을 후원자들에게 보여주어야 했다. 원래는 계획에 없었지만 후원자들이 그 훈련을 보게 해달라고 요청했던 것이다. 우리는 이 프로젝트를 투싼에서 시작해서 미디어랩에서 계속 하고 있었다. 나는 알렉스에게 각각의 음소를 소리 내는 법을 훈련시키고 있었지만 알렉스가 사람처럼 글자를 읽게 하려고 그렇게 훈련시키는 것은 아니었다. 우리는 그보다도 알렉스가 자신이 배운 사물의 이름들을 구성하는 소리가 각기 다른 방식으로 결합돼서 새로운 이름을 만든다는 것을 이해하는지 알고 싶었던 것이다. 우리는 알렉스가 혼자 있을 때 가끔 "초록, 오록, 콩, 옹."이런 식으로 닮은 소리를 옹알거린다는 것을 알고 있었다. 이는 실제로 알렉스가 사물의 이름들이 각기 다른 방식으로 사용할 수 있는 개별적인 소리로 이뤄져 있다는 것을 이해한다는 것을 암시했다. 하지만 항상 그랬듯이 이를 입증하기 위해서는 확률로 만들어진 더 실증적인 증거가 필요했다.

행사를 앞두고 우리는 냉장고에 붙이는 색깔이 모두 다른 알파벳 글자를 사용해서 각기 다른 글자끼리 결합했을 때 나는 소리들을 가르쳤다. 예를 들면 "어떤 소리가 '치' 소리가 나지?" 또는 "보라색 글자는 어떤 소리가 나지?" 이렇게 질문했다. 알렉스는 이 문답에 꽤 익숙해졌다. 시범을 보이기까지 남은 시간이 얼마 없었고, 후원자들의 기대는 컸다. 마침내 시범의 날. 나는 알렉스에게 알파벳 글자들이 든 쟁반을 보여주며 물었다.

"알렉스, 파란 글자는 어떤 소리가 나지?"

알렉스가 대답했다. "스."

파란 글자는 S였다. 나는 "잘 했어"라고 칭찬해줬다. 그러자 알렉스는 "땅콩 줘"라고 대꾸했다.

시범할 시간이 아주 짧았기 때문에 나는 알렉스가 땅콩 먹는 걸로 시간을 낭비하고 싶지 않았다. 나는 알렉스에게 좀 기다리라고 말한 후 다시 물었다. "초록색 글자는 어떤 소리가 나지?"

알렉스가 대답했다. "스츠." 이번에도 정답. 나는 "정말 잘 했어"라고 칭찬했다. 그러자 알렉스가 다시 졸랐다. "땅콩 줘."

"알렉스, 좀 기다려. '오' 소리가 나는 글자는 무슨 색이야?"

"오렌지."

"참 잘했어."

"땅콩 줘." 분명 짜증이 나기 시작한 목소리였다. 알렉스의 눈이 게슴츠레해졌는데 뭔가 꿍꿍이가 있을 때 항상 그런 표정을 짓곤 했었다. 알렉스는 나를 보면서 천천히 말했다. "땅콩 줘. 따…앙…콩."

나는 대경실색했다. 알렉스가 마치 이렇게 말하는 것 같았다. '어이, 바보 양반. 꼭 내가 이렇게 하나하나 짚어줘야겠어?' 하지만 더 중요한 것은 알렉스가 우리가 가르쳤던 개별 음소를 발음하는 단계를 혼자 훌쩍 뛰어넘어 단어를 알아서 쪼개 발음한 것이다. 필경 알렉스는 우리에게 이렇게 말하고 싶었을 것이다. '이 훈련의 마지막 단계가 뭔지 눈치

챘어! 빨리 해치워버리자고. 괜히 복잡하게 할 것 없이 한 방에 끝냅시다!' 실로 놀라운 순간이었다. 알렉스가 앞으로 수년 동안 얼마나 또 우리의 예상을 초월하는 성과를 이뤄낼까······.

몇 달 후 약정한 2년 계약 기간을 넘어서 미디어랩에서 계속 내가 머무르게 될 가능성이 제기되었을 때 미래는 밝아보였다. 미디어랩에서 내가 연구 과학자로서 교수직을 맡든가 혹은 장기 계약을 할 것인가에 대해 결론이 나지 않는 논쟁이 오랫동안 벌어지고 있었다. 나로서는 휴가를 끝내고 투싼으로 돌아가야 하는 2001년 가을 학기가 시작되기 전에 결론을 알아야 했기 때문에 아주 피를 말리는 시간이었다. 그래서 8월에는 한때 투싼으로 다시 돌아갈 경우를 대비해서 보스턴에 이삿짐 트럭 한 대를 예약하기도 하는가 하면, 또 보스턴에서 계속 있을 경우를 대비하여 투싼에서 짐을 가져오기 위한 이삿짐 트럭 한 대, 이런 식으로 두 대를 동시에 예약한 적도 있었다.

마지막 순간에 이르러서야 마침내 나는 연구 작업을 하면서 필요한 모든 재정적 지원을 받을 수 있다는 조건과 함께 연구 과학자로서 5년 재계약을 하게 됐다는 소식을 받았다. 그랬다. 나는 종신 교수직을 포기하고 계약직을 받아들였지만 너무 기뻤다. 나는 투싼 대학에 돌아가지 않을 것이라고 편지를 보냈다. 이로써 내 앞길은 탄탄대로가 됐다. 나는 그렇게 오랫동안 추구해오던 동물 인지 연구를 계속할 수 있게 됐고, 미디어랩을 위해 그 인지 연구를 기술적 측면에 적용하도록 계속 탐구할 수 있을 것이다. 연구비 걱정은 이제 끝이고, 알렉스와 나는 떨어지지 않을 것이다.

그런데……. 그로부터 3개월 후인 2001년 12월 중순, 나는 어이없게도 미디어랩에서 해고될 30명의 과학자 중에 내가 포함됐다는 것을 알게 됐다. 미디어랩의 재정 상황에 먹구름이 몰려들고 있었다. 기술주가 집중적으로 몰려 있는 나스닥 지수가 1년 전 정점을 이뤘다가 닷컴의 거품이 꺼진 것을 계기로 바닥으로 곤두박질치기 시작했던 것이다. 그러다 9·11 사태가 벌어지면서 경제는 한층 더 악화됐다. 미디어랩의 기업 후원자들은 더 이상 이전과 같은 수준의 후원을 제공할 수 없게 되었다.

2년 전 내가 미디어랩에 처음 왔을 때 이곳은 기술적 발전과 재정적인 풍요로움이 넘치던 곳이었다. 나는 내 연구에 대해 무한한 가능성이 열린 미래를 상상했었다. 그런데 이제 나는 직장도 잃고, 알렉스와 친구들과 함께 연구를 계속할 공간도 잃어버렸다. 12월의 그 발표가 나오기 전부터 새들을 어디 둘 것인가에 대한 고민이 시작됐다. 9월에 나는 알렉스와 그리핀을 보스턴 교외의 뉴턴에 사는 마고 캔터의 집으로 옮겼다. 마고의 아들 중 하나가 MIT에서 알렉스를 훈련시킨 트레이너 중 하나여서 그녀는 친절하게도 숙소 문제를 해결할 때까지 새들을 돌봐주는 데 동의했다. 한편 워트는 뉴욕시에 살고 있는 내 친구인 매기 라잇과 같이 살게 됐다. 이 숙소들은 잠정적인 것으로 다시 새 시설로 옮겨갈 때까지 몇 주 정도만 신세질 예정이었다. 그런데 이제 나는 새들을 언제 어디로 옮겨야 할지도 모르겠고, 연구비를 어떻게 충당해야 할지도 모르는 상황에 맞닥뜨리게 된 것이다. 연구는 고사하고 내 생활비도 어떻게 벌어야 할지 모르는 최악의 난감한 상황이었다.

| chapter 7 |

다음 목적지

알렉스는 심난한 한편으로 무지막지하게 화가 나 있었다. 마고 캔터와 그녀의 남편인 찰리는 뉴턴의 자택에서 알렉스와 그리핀을 아주 친절하게 보살펴줬다. 알렉스는 정말 찰리를 좋아했고, 그리핀은 마고에게 살갑게 굴었다. 하지만 마고와 찰리는 하루 종일 밖에 나가 있는 동안 알렉스와 그리핀을 새장에 넣어두었다. 내가 항상 앵무새를 키우는 사람들에게 하지 말라고 경고했던 바로 그 상황이 벌어진 것이다.

나는 낮에는 MIT에서 원고와 이력서를 쓰면서 새들을 제대로 수용할 수 있는 가까운 실험실을 찾기 위해 노력했다. 그리고는 매일 오후 캠브리지에서 뉴턴까지 8마일을 차로 달려갔다. 기분은 최악이었지만 나는 새들을 밝게 대하려고 무진 애를 썼다. 알렉스는 자기를 버린 벌로 내가 오면 종종 부리를 허공으로 치켜들거나 등을 돌려 외면해버렸다. 어떤 때는 평소답지 않게 새장에서 나오려고 하지 않을 때도 있었다. 나는 마고가 집에 오는 6시까지 알렉스와 그리핀과 함께 있다가 다시 미디어랩으로 돌아가서 몇 시간 더 일했다. 알렉스와 그리핀은 이 힘든 시기에 아주 조용해졌다. 임시로 정했던 숙소 문제가 처음 예상했던 몇 주에서 5개월로 늘어나게 되자 결국 불쌍한 내 친구들은 스트레스가 심해져 부리로 깃털을 뽑아버리기도 했다.

미디어랩에서 나오기 전부터 나는 실험실을 찾기 시작했다. 벤과 스펜서, 그리고 새들이 함께 있던 방은 이제 다른 프로젝트를 위해서 비워줘야 했다. 다행스럽게도 노스웨스턴 대학에 있을 때 친구였던 시각 생리학자 밥 세큘러가 실험실을 구하도록 도와줬다. 그가 있는 브랜다이스 대학은 꽤 가까운 곳에 있었다. 나는 가까스로 생리학과에 있는 동물 관리 시설의 방을 하나 구했다. 페인트 칠만 하면 쓸 만한 공간이었다. 더구나 방세만 내면 계속 쓸 수 있는.

실험실 매니저와 연구를 돕는 한 무리의 학생들을 구했을 때 브랜다이스 대학에 내야 할 연간 비용이 십만 달러가 나왔다. 나는 이 대학에서 무급 부교수로 일했고, 연구비도 지원받지 못했다. 따라서 알렉스 재단에서 그 금액을 전부 지불해야 했다. 난 어쩔 수 없이 연구 기금 모금행사를 지속적으로 해야 했고, 그만큼 부담도 커졌다. 하지만 어쨌든 연구를 계속할 수 있는 곳을 찾았다는 것만으로도 위로를 삼아야 했다.

알렉스와 그리핀은 2002년 1월 중순에 브랜다이스로 옮겨왔고 얼마 있다가 워트 역시 합류했다. 워트는 뉴욕에서 즐거운 시간을 보내다 왔다. 내 친구 매기는 집에서 일을 많이 해서 워트는 그녀와 또 어린 암컷 회색 앵무새 2마리와 같이 있었다. 지난 5개월 동안 워트는 대장 노릇을 했다. 이제는 실험실에서 다시 졸병으로 지내는 데 익숙해져야 할 시간이 온 것이다.

새로 얻은 실험실도 좁긴 마찬가지였다. 방은 넓이 10피트에 높이 15피트밖에 되지 않았다. 새장 3개에 벽장과 책장, 작은 냉장고 하나에 싱크대, 그리고 새들이 앉을 수 있는 T자형 스탠드, 여기다 컴퓨터를 놓은 실험실 매니저의 책상과 의자들이 들어차서 방은 가득 찼다. 여기에 학생 한두 명이 더 들어오고, 새들을 훈련시키는 동안 이 학생들이 앉을 걸상까지 들어오게 되면…… 흠, 그야말로 입추의 여지가 없는 것이다. 다행히 그나마 운 좋게도 2002년 늦가을부터 알렌 레빈-로위가 내 실험실의 매니저가 됐다. 알렌은 유능한 관리자일 뿐 아니라 새들도 아주 수월하게 다뤘고, 성격이 상냥하면서도 온순하고 진중했다. 그녀가 매사를 매끄럽게 처리하지 않았더라면 브랜다이스 실험실에서의 생활은 아주 힘들었을 것이다.

비좁은 공간은 새들에게 악영향을 미쳤는데 특히 알렉스가 가장 심했다. 투싼에서는 새들이 모두 방 한 개씩을 따로 배정받아서 그 방에서 훈련과 테스트를 받고 잠을 잤다. 머리를 식힐 때면 실험실에서 공동으로 쓰는 큰 공간을 사용했다. 미디어랩에 있을 때도 비록 공동으로 쓰는 방은 작고 비좁았지만 새들이 따로 잠자는 시설이 있었다. 그런데 이제는 방 하나에서 모두 같이 훈련과 테스트를 받고, 머리를 식히고, 잠을 자야했다. 항상 사무실에서 대장 노릇을 했던 알렉스의 보스 기질은 점점 더 심해졌다. 그는 이 캠퍼스에서 '자타가 공인하는 일인자'였고 그 사실을 다른 사람들도 모두 알아차리게 행동했다.

알렉스는 새로 온 학생들을 끊임없이 부려먹었다. "옥수수 줘, 땅콩 줘, 어깨에 올라가고 싶어." 이런 식으로 명령하면서 새로 온 학생들이 그의 레파토리에 적응하게 만들었다. 알렉스가 이렇게 행동한 게 새삼스러울 건 없지만, 예전보다 더 절박해졌다는 점이 달랐다. 게다가 새로 온 학생들을 속여서 이미 점심시간에 옥수수를 먹었는데도 오후에 또 받아먹곤 했다. 그리핀에게 사물의 이름과 개념에 대한 테스트를 치를 때 알렉스의 이런 보스 기질은 더욱 뚜렷하게 나타났다. 투싼에서는 알렉스가 이렇게 참견할 기회가 거의 없었는데, 지금은 항상 같이 있기 때문에 이런 일이 자주 일어났을 것이다. 그리핀이 제깍 답을 말하지 못하고 머뭇거릴 때면 알렉스는 새장 꼭대기의 가장자리로 성큼성큼 걸어가서 실험실 저쪽 구석에서 쩌렁쩌렁 울리도록 답을 말했다. 알렉스는 심지어 새장 꼭대기에 있는 판지 상자 안에서도 가끔 끼어들곤 했다.

그리핀이 어물어물 대답하면 알렉스는 호되게 야단쳤다. "좀 더 잘 말해봐!" 내가 그리핀에게 "무슨 색이지?" 하고 물어보면 알렉스가 끼어들어서 "아니야, 어떤 모양인지 말해봐." 이렇게 맥을 끊어 놓았다. 알렉스는 오답을 말해서 이미 헷갈려 하는 그리핀을 더 혼란스럽게 만들었다. 한마디로 알렉스는 골칫거리였다. 이러는 한편 워트는 자신의 새장에서 얌전히 장난감을 가지고 흡족해서 열심히 놀았다.

알렉스가 대장 지위에 맞게 제대로 대접해달라고 요구하면서 새들 사이에 존재하던 위계질서는 한층 더 분명하게 드러났다. 알렉스는 말 그대로 자신이 항상 최고여야 했다. 새 실험실에는 앵무새 세 마리와 나를 함께 찍은, 겉보기에는 사이좋은 '가족사진' 같은 사진 몇 장이 있었다. 사실은 그리핀이 내 어깨에 앉고 싶어 했기 때문에 나는 알렉스의 횃대를 다른 새들보다 훨씬 앞쪽에 두드러진 위치이면서도 내 얼굴에서 가장 가까운 곳에 놓아야했다. 그렇게 하지 않으면 알렉스는 사진을 찍지 않으려고 했다. 워트는 대개 가장 낮은 자리인 내 손 위에 앉곤 했다. 워트는 그거로도 만족했다.

브랜다이스에서 보낸 첫 해는 아주 어려운 시기였고, 우리는 별로 성취한 것이 없었다. 내가 행정적인 일을 처리하면서 구직 활동을 하느라 연구에 별로 신경 쓰지 못했기 때문이다. 하지만 서서히 좀 더 생산적인 분위기가 생겨나기 시작했다. 알렉스가 사사건건 그리핀의 훈련에 참견하려 들었기 때문에 우리는 투싼에서 의도했던 대로 알렉스를 그리핀의 트레이너로 참여시키기로 했다. 알렉스는 기꺼이 그 일을 해냈다. 투싼에서는 하지 않으려고 하더니 여기서는 열성적으로 그리핀에게 질문했다.

알렉스는 항상 우리를 도우려고 노력했다. 한 번은 우리가 그리핀에게 '7'이란 숫자를 가르치고 있었다. 그리핀은 우리가 원하는 단어를 발음하지 못할 때는 아주 수줍어한다. 동공은 줄어들고 심기가 불편하다는 것이 온 몸에 나타난다. 가끔은 그냥 포기해버릴 때도 있다. 알렉스는 그리핀이 어려워하는 것을 보고 그리핀을 격려하기 위해 계속 "스스스, 스스스"라고 발음을 가르쳐줬다. 정말 사랑스러웠다. 우리는 그리핀이 회색 앵무새를 트레이너로 삼으면 더 빨리 배울 거라고 기대했다. 어쨌든 야생에서는 회색 앵무새들이 서로에게 소리 내는 법을 배우니까. 결과만 두고 말한다면 그리핀은 알렉스와 작업한 후부터 첫 부분은 더 빠르게 배웠지만 발음을 연마하는 과정에서는 더 시간이 많이 걸렸다.

가끔은 한 발짝 뒤로 물러나서 앵무새 두 마리가 하는 대화를 지켜보는 것도 꽤 재미있었다. 알렉스가 먼저 말한다. "무슨 색?" 그러면 그리핀이 대답한다. "파랑." 그리핀은 대부분 정답을 말했다. 이 착한 앵무새가 나중에는 알렉스와 똑같은 어조로 말하고, 억양까지 따라하게 됐다는 건 역시 재미있는 일이 아닐 수 없었다.

우리는 색깔, 형태, 크고 작은 비교와 같이 전에 다 익혔던 과제들을 복습하는 것으로 작업 프로그램을 진행하면서 수월하게 연구를 다시 시작했다. 하지만 투싼에 있을 때 시작했다가 중단했던 숫자와 수학적 개념이란 까다로운 세계로 다시 들어갔다가 이내 우리는 미래에 놀랄만한 결과를 얻게 되었다. 알렉스는 우디 알렌 감독이 만든 〈애니 홀〉이란 영화에 나오는 대사에 새로운 의미를 부여해준 셈이다. "브랜다이스에 다녔다니, 분명 아주 똑똑할 거야."

2003년 가을 새로 일련의 숫자 공부를 시작했을 때 알렉스는 이미 1부터 6까지 알고 있었다. 하지만 그 숫자들을 순서대로 익히진 않았다. 알렉스는 삼각형 나무와 사각형 종이로 먼저 3과 4를 익혔다. 나중에 2와 5와 6을 익히고 마지막으로 1을 배웠다. 우리는 이제 알렉스가 자신이 사용하는 숫자들을 정말로 이해하고 있는지 알아내고 싶었다. 3살이 안

된 아이에게 물건을 4개 쥐고 "몇 개지?" 하고 물어보면 아이는 "넷"이라고 정확하게 대답할 확률이 높다. 같은 아이에게 공깃돌이 있는 접시에서 네 개를 가져오라고 하면 아이는 그냥 한 주먹 집어 와서 줄 것이다. 이를테면 단어처럼 숫자를 말한다고 해서 꼭 그 개념을 이해하리란 법은 없다는 뜻이다.

 알렉스의 시험은 꽤 간단했다. 예를 들어 알렉스에게 초록색 열쇠 2개, 파란색 열쇠 4개, 붉은 색 열쇠 6개가 든 쟁반을 보여주고 "어떤 색깔이 4개 있지?" 하고 물어보는 것이다. 이 경우에 정답은 '파란색'이다. 며칠 동안 연습한 후에 알렉스는 8번의 테스트에서 모두 정답을 맞혔다. 나는 감동을 받았다. 이렇게 똑똑할 수가!

 그러다 알렉스는 갑자기 2주 동안 같은 테스트를 계속 받지 않으려고 했다. 알렉스는 천장만 보면서 쟁반에 없는 색깔이나 물건 이름을 대거나 혹은 맞지도 않은 답을 계속 중얼거렸다. 그러다 부리로 털을 고르면서 딴전을 피웠다. 아니면 가끔 정답만 빼고 다른 틀린 답을 몽땅 다 대기도 했다. 그럴 때 마지막 순서는 뻔했다. 물이나 다양한 음식 이름을 대면서 달라고 조르거나 "돌아가고 싶어"라고 말하는 것이 그것이다.

 그런데 놀랍게도 알렉스가 별다른 이유 없이 딴전 피우던 걸 멈췄다. 나는 큰 기대 없이 알렉스에게 같은 색깔별로 블록이 두 개, 세 개, 여섯 개가 있는 쟁반을 보여줬다. 그리고 물었다. "세 개가 있는 블록은 무슨 색이지?" 알렉스가 이번에는 아주 의미심장한 태도로 대답했다. "5." 태도나 대답하는 투가 방금 전 무관심하고 집중도 하지 않던 때와 뭔가 사뭇 달랐다.

나는 다시 물었다. "세 개가 있는 건 무슨 색이지?"

"5." 알렉스는 거침없이 다시 말했다.

"아냐, 알렉스. 3은 무슨 색이냐니까?" 이제 나는 혼란스럽기도 하고 점점 짜증이 나고 있었다. 쟁반에 다섯 개짜리 블록은 없는데 왜 5라고 하는 거냐고.

"5." 알렉스는 다시 단호하게 말했다.

좋아, 질문을 돌려서 해보자고 생각하며 내가 물었다. "좋아, 이 똑똑아. 그럼 다섯 개가 있는 블록은 무슨 색이지?"

주저하지 않고 알렉스가 말했다. "없어."

나는 화들짝 놀랐다. 알렉스가 말하려던 게 이거였나? 정색을 하고 틀린 답을 말한 것이 평소처럼 짓궂은 장난을 한 것이 아니라 다른 의도 때문이었나? 몇 년 전 알렉스는 '같음-다름'의 개념을 배울 때 '없다'란 말을 스스로 생각해 내어 말한 적이 있다. 모양, 색깔, 혹은 소재가 같은 한 쌍의 물건을 놓고 크기를 비교하는 훈련에서 비슷하거나 같은 것이 없다고 답했던 것이다. 먼저 색깔은 다르지만 크기가 같은 물건을 두 개를 놓고 "어떤 색깔의 물건이 더 크지?"하고 물어보면 알렉스는 "없어"라고 말해서 둘 다 같다는 뜻을 표현했다. 알렉스는 훈련도 받지 않고 그렇게 해냈다. 이번 경우 마치 알렉스는 사물의 부재를 표현하는 '없다' 라는 말을 자신이 알고 있다는 것을 과시하고 시험해 보기 위해 쟁반에 없는 숫자인 5를 답한 것처럼 보였다. 이것이 요행으로 한 게 아니란 걸 확인하기 위해 우리는 여러 차례 반복 실험을 하였고, 알렉스는 단 한 차례를 빼고 정답을 맞혔다.

내가 한 질문에 처음 '5'라고 대답했을 때 알렉스가 무슨 생각을 하고 있었는지 누가 알았겠는가? 알렉스는 반복되는 테스트에 질려서 대답을 안 하고 딴전을 피웠을 것이다. 그러다 2주가 지나자 이렇게 생각한 것 같았다. '좋아, 이 게임을 어떻게 재미있게 만들어 볼까? 알겠다. 쟁반에 없는 걸 대답해야지.' 지루함이란 학생들이건 어른들이건 간에 다른 엉뚱한 반응을 이끌어낼 수 있는 강력한 동기가 된다. 이런 반응은 인간에게만 국한된 것이 아닐 것이다.

이 상황에서 알렉스가 '없다' 란 개념을 사용했다는 것은 몇 가지 이유에서 중요하다. 첫째, 영(0)이란 아주 추상적인 개념이다. 영이란 명사는 1600년대에 들어서야 서양 문명에 들어왔다. 두 번째로 이 경우에 알렉스는 "없다"란 개념을 순전히 혼자서 만들어냈다. 우리는 알렉스에게 이 개념을 가르치지 않았다. 이 영리한 앵무새가 혼자서 생각해낸 것이다.

노스웨스턴에서 투싼으로 떠나기 직전 나는 터프츠 대학의 철학 교수인 댄 데닛과 이야기를 나눈 적이 있었다. 대화도중 그는 이런 질문을 했다. "만약 당신이 알렉스에게 '어떤 게 초록색이지?' 하고 물어봤는데 쟁반에 초록색 물건이 없다면 말이죠…… 그렇다면 알렉스가 '없어'라고 대답할까요?" 나는 좀 망설이다가 결국 그 아이디어를 시도해 보기로 했다. 나는 쟁반에 각각 다른 색깔의 물건들을 늘어놓고 알렉스에게 물었다. "뭐가 보라색이지?" 쟁반에 보라색 물건은 없었다. 알렉스는 날 보더니 대답했다. "포도 줘." 포도는 보라색이다.

알렉스는 나의 허를 찌르고 있었다. 알렉스는 내가 원하는 것을 하지 않고 더 영리한 짓을 했다. 하지만 알렉스가 머리를 쓰고 있는 건지 아니면 단순히 틀린 건지 내가 어떻게 구분할 수 있겠는가? 그걸 확인하는 것은 내가 상상했던 것보다 훨씬 더 어려웠다. 그래서 나는 그 시도를 그만 접었다.

어쨌든 그와 같은 아이디어를 생각해낸 것은 알렉스 자신이었다. 작디작은 두뇌를 가진 이 앵무새가 위대한 수학자인 알렉산드리아의 유클리드조차 생각해내지 못했던 개념을 생각해낸 것이다. 알렉스가 '없다'란 말을 사용한 것은 'ㅍ', 'ㅗ', 'ㄷ', 'ㅗ'와 같은 개별적인 음소들을 조합해서 완전한 단어를 발음한 것처럼 아주 인상적인 성과다. 아니 어쩌면 그보다 더 뛰어난 성과일 것이다. 알렉스가 이제는 뭘 또 해낼까?

2004년 6월 숫자 이해 연구를 끝낸 달에 우리는 덧셈에 대한 연구를 시작했다. 애초 나는 그런 연구를 계획하지 않았는데 알렉스가 계속 그리핀을 훈련시키는 데 참견하면서 자연스럽게 그런 방향으로 나아가게 됐다. 우리는 그리핀에게 '2'라는 숫자를 가르치기 위해 컴퓨터에서 나오는 딸각 소리를 두 번 들려준 후 물었다. "몇 개지?" 그리핀은 대답하지 않았다. 그리핀은 몸을 구부리고 난감한 표정을 지었다. 나는 컴퓨터 소리를 다시 한 번 들려줬다. "몇 개지, 그리핀?" 여전히 대답이 없었다. 그때 새장 꼭대기에 올라와 있던 알렉스가 대답했다. "4."

 "조용해, 알렉스." 내가 퉁명스럽게 소리쳤다. "지금 그리핀에게 물어보는 거잖아." 나는 처음 알렉스가 생각도 하지 않고 멋대로 대답하는 거라고 생각했다. 어쨌든 내가 울린 소리는 두 번이었으니까. 나는 한 번 더 컴퓨터 소리를 들려줬다. 그리핀은 점점 더 긴장하면서도 여전히 대답을 못했다. "6." 알렉스가 대답했다.

 심리학자 샐리 보이센은 그 전에 침팬지에게 수를 세는 능력과 덧셈 능력이 있는지 여부를 조사했지만 그녀는 소리보다 물체를 사용해서 연구했다. 나도 알렉스와 그 연구를 해 보기로 했다. 그때 마침 나는 하버드의 래드클리프 대학 부속 연구소에서 그 해 가을부터 특별 연구원으로 1년 동안 일하게 됐다. 연구원 자리는 아동의 수 개념을 연구하는 하버드 동료 학자들과 내가 협력할 수 있도록 고안된 자리였다.

우리는 플라스틱 컵 두 개를 뒤집어 놓은 쟁반을 알렉스에게 보여줘서 알렉스의 수학 기술을 테스트했다. 컵 하나 밑에는 땅콩 두 개를 놓고 다른 컵 밑에는 땅콩 세 개를 놓았다. 우리는 첫 번째 컵을 들어보고 말했다. "이것 봐, 알렉스." 그리고는 다시 컵을 내려놨다. 그리고 두 번째 컵도 같은 식으로 보여줬다. 그 다음 질문을 했다. "다 합해서 땅콩이 몇 개지?" 그 후로 6개월 동안 그와 같은 일련의 테스트를 거친 결과 알렉스가 한 대답의 정확도는 85퍼센트였다. 그는 정말로 덧셈을 할 수 있었다. 이 성과로 알렉스는 소아와 침팬지와 동급의 자리에 앉게 됐다.

만약 양쪽 컵 밑에 땅콩을 하나도 두지 않고 알렉스에게 '모두 몇 개지?' 라고 물으면 알렉스는 '없어' 라고 말할까? 우리는 그 실험을 8번 했다. 처음 4번은 알렉스는 아무 말도 하지 않았다. 대신 알렉스는 이런 생각을 하면서 나를 쳐다보는 것 같았다. "이봐요, 벌써 다 잊었어?" 알렉스는 '두 개' 라고 대답해서 컵의 숫자와 우리가 물어보는 땅콩 숫자를 헷갈리게 하는 그런 답변은 하지 않았다. 다음 세 번의 시험에서는 '하나' 라고 대답했다. 마지막 테스트에서는 다시 아무 말도 하지 않았다. 흥미롭게도 이와 비슷한 테스트에서 침팬지들 역시 같은 실수를 해 '하나' 라고 대답했다.

알렉스가 한 대답으로 미루어 나는 영에 대한 개념 이해가 인간만큼 정교하지 않다는 것을 알았다. 알렉스는 처음 숫자를 배울 때 6까지 배우긴 했지만 0부터 시작하지는 않았다. 알렉스가 '하나'라고 대답했을 때 그건 마치 유인원들이 그랬던 것처럼 가능한 가장 적은 숫자를 답해야 한다는 생각에서 그렇게 했을 것이다.(그 뒤 우리가 그에게 동그라미를 보여주고 "모서리가 하나도 없는 나무"란 개념을 훈련시키자 알렉스는 이해했다.) 하지만 알렉스의 이해력이 뛰어나긴 했어도 아주 크게 뛰어나진 않았다. 비유하자면 유클리드보다는 뛰어났어도 17세기의 인간들보다는 낮다는 것이다. 이 역시 사물에 대한 이해방식이 전혀 다른 생명체의 인지 능력에 대한 인간 중심적 이해방식이기는 하지만.

그래도 알렉스는 '등가'라고 불리는 개념은 아주 잘 파악했다. 이 개념 역시 알렉스는 혼자서 알아냈다. 어떤 훈련도 받지 않았다. 알렉스는 아라비아 숫자를 6까지 다 알고 말도 할 수 있었다.(우리는 투싼에서 1990년대 후반 이 작업을 시작했다가 2004년 11월에 다시 시작했다.) 알렉스는 그것이 장난감 트럭이 됐건, 열쇠건, 아니면 나무로 만든 주사위건 간에 여섯까지는 물건들을 셀 수 있었다. 하지만 우리는 아라비아 숫자와 그에 상당하는 물건들을 비교해서 보여준 적이 없었다. 문제는 알렉스가 아라비아 숫자 6이 여섯 개라는 개념을 이해했는가 하는 것이었다. 이것이 바로 등가라는 것이다.

우리는 또한 알렉스가 6이 5보다 큰 지, 5가 4보다 더 큰 숫자인지를 아는지는 확신할 수 없었다. 알렉스는 아이들처럼 숫자를 순서대로 배우지 않았다. 숫자를 순서대로 배운다는 것은 숫자가 나중으로 갈수록 양이 늘어난다는 것을 의미한다. 그러니 숫자를 순서대로 배우지 않은 알렉스가 이 어려움을 극복할 수 있을까?

이제 이런 테스트를 해보기 위해 우리는 초록색 플라스틱으로 만든 아라비아 숫자 5를 파란색 나무 블록 3개 옆에 두고 물었다. "어떤 색이 더 크지?" 물리적으로 보면 나무 묶음이 아라비아 숫자보다 훨씬 더 크다. 만약 알렉스가 물리적인 크기만 본다면 '파란색'이라고 대답했을 것이다. 알렉스는 '초록색'이라고 대답했다. 이런 일련의 질문들에 대한 알렉스의 답변은 정확도가 아주 높았다. 또 다른 종류의 테스트에서 우리는 알렉스에게 각각 다른 색깔과 값의 아라비아 숫자 두 개를 보여줬다. 그리고 우리는 다시 물었다. "어떤 색깔이 더 크지?" 알렉스는 이 시험에서도 역시 정답률이 높았다. 우리는 이 테스트에 대비해서도 알렉스에게 어떤 훈련도 시키지 않았다. 알렉스는 아라비아 숫자 6이 여섯 개를 나타낸다는 것을 혼자서 깨우쳤다. 그리고 6은 5보다 크고, 5는 4보다 더 크다는 식으로 수의 순서도 알아냈다. 침팬지는 집중적인 훈련을 받지 않고는 이렇게 하지 못한다. 이는 정말로 고도로 복잡한 수리적 능력으로 한때는 인간의 두뇌만 지닐 수 있는 능력으로 간주됐고 인간의 언어로만 표현할 수 있다고 생각됐던 것이다. 다시 한 번 알렉스는 불가능의 영역을 넘어선 것이다.

마이크 토마셀로는 독일의 라이프치히에 있는 막스프랑크 진화인류학 연구소에 있는 뛰어난 영장류 동물학자이자 내 친구이다. 그의 전공은 언어를 포함해서 인간의 고등 인지 기능의 진화 기원에 대한 연구이다. 우리는 그가 과학 회의에서 연설을 어떻게 끝맺었는지 이야기하면서 종종 웃음을 터트리곤 했다. 대부분의 동료들처럼 마이크 역시 모든 과학적 증거로 미루어 인간이 가진 이런 '고등한' 능력은 영장류의 두뇌에만 있다고 믿는다는 그런 비슷한 내용의 말로 항상 발표를 끝낸다. 하지만 그렇게 끝날 때만 있는 게 아니었다. 그는 종종 두 손을 버쩍 들어 올리면서 항복했다는 듯이 이렇게 덧붙이기도 했다. "그 빌어먹을 새 알렉스만 빼고 말입니다!"

언론은 알렉스가 '영(0)'과 '등가'의 개념을 깨우쳤다는 이야기를 듣고 열광했다. 유럽에서 상대적으로 '영(0)'이란 개념이 늦게 만들어졌다는 것이 좋은 비교기리가 됐다. 하지만 나는 사람들이 알렉스가 '등가'라는 개념을 깨우친 것에 대해 더 많이 인정해주고 칭찬해줘야 한다고 생각했다. 이는 알렉스가 결코 이해할 수 없을 거라고 생각한 수준의 추상과 인지 능력을 나타낸 것이다. 나는 앞으로 알렉스와 내가 함께 이뤄낼 성과들이 알렉스가 지난 20년 동안 해낸 성과들이 시시하게 보일 만큼 뛰어날 것이란 예감이 들었다.

래드클리프 연구소에서 향유한 지적 자유와 재정적 안정으로 행복하고 영광스러웠던 한 해도 2005년 여름 끝났다. 나는 아무도 가능하다고 믿지 않았던 인지능력을 알렉스에게서 발견했고, 인간의 인지능력의 기원에 대한 과학의 뿌리 깊은 편견에 도전하는 중이었다. 그런데도 나는 아직도 실업자였다. 그리고 연구비도 없었다. 나는 실업 보험금을 신청해야 했다. 나는 끼니를 때우기 위해 일주일 동안 두부를 14개씩 먹었고, 겨울에는 생활비를 줄이기 위해 자동온도 조절 장치로 실내 온도를 14도에 맞추고 생활했다. 알렉스 재단의 후원금 덕분에 그나마 알렉스와의 연구는 계속할 수 있었지만.

언론에서는 알렉스를 천재 새로 묘사했고, 실제로 알렉스는 아주 똑똑한 새였다. 하지만 인지적인 성취 외에도 이 미스터 A에게는 더 많은 특징이 있었다. 알렉스는 보스 기질이 다분했고, 고집도 황소고집이었다. 알렉스는 장난감만 가지고 노는 게 아니라 지적으로도 장난기가 넘쳐서 일부러 틀린 답을 대곤 했다. 장난기도 많고, 정도 많은 이 장난꾸러기 악동은 물질적인 면에서 우리에게 의존하긴 했지만 하나의 독립적인 존재로서 매사에 자신감이 넘쳤다. 우리가 그를 소유한 만큼 그도 우리를 소유했다.

알렉스는 실험실 가까운 곳에 있는 작은 로비로 자주 소풍을 갔다. "나무 보러 가자." 알렉스는 한 주에 두세 번은 이렇게 말했다. 학생들은 이 명령에 따라 로비로 알렉스를 데리고 나가곤 했다. 그렇게 나갈 때는 횃대도 가지고 갔다. 하지만 알렉스는 창문 옆에 있는 작은 소파 등에 앉는 걸 더 좋아했다. 그는 창문 옆 나무에 앉아 있는 새들과 그 밑의 도로를 지나가는 트럭을 보는 걸 좋아했다. 창문 밑 계단을 오르락내리락하는 학생들은 알렉스가 열띤 눈초리로 바라보면서 자신들을 위해 유쾌하게 휘파람을 불어대는 것도 몰랐다. 그는 로비를 걸어가는 소년들에게 터프하게 휘파람을 불어대서 그를 보살피는 여학생들을 놀라게 하곤 했다.

그 가운데서도 알렉스가 로비에 나갔을 때 제일 좋아하는 일은 학생들이 놀러올 때마다 부르는 〈캘리포니아 드림〉에 맞춰 춤을 추는 것이다. 이 전통은 몇 년 전 실험실에서 마마스와 파파스의 그 노래를 틀어놨을 때 알렉스가 리듬에 맞춰 정열적으로 머리를 까닥대면서 시작됐다. 그러자 실험실의 매니저인 알렌이 학생 전원에게 노래 가사를 가르쳤고 그 바람에 그 전통은 더욱 열심히 이어져 갔다.

우리에게는 물론 실험실 시간표에 맞춰 식사 시간과 작업 시간이 따로 있었다. 하지만 알렉스는 나름대로 매일 하는 일이 따로 있었다. 따뜻한 곡물로 점심을 먹은 후에 알렉스는 종종 새장 꼭대기나 판지로 만든 상자 안으로 기어들어가곤 했다. 그리고 눈을 반쯤 감고서는 독백을 했다. "착한 아이야…가서 밥 먹어…착하게 있어…문제가 뭐야?" 몇 시간 후에도 알렉스는 똑같은 행동을 했다. "의자에 가고 싶어… 무슨 색?…샤-워?" 알렌은 이런 독백을 '알렉스 연대기'라고 부르면서 하루에 있었던 일을 알렉스가 반추하는 것이라고 말했다. 숫자나 새로운 물건의 이름을 연습할 때도 그랬다. 예를 들어 알렉스가 '세븐'이란 발음을 "스…은", "스…넌," 그러다 "스벤"이란 발음까지 연습하는 것을 우린 가끔 그런 독백에서 들어볼 수 있었다.

앵무새들에게는 항상 두어 명 정도 되는 학생들이 붙어 있었고, 낮에는 대부분 알렌이 옆에 있었다. 나는 주로 늦은 오후에 도착했다. 그리고 가끔 방문객들도 찾아오는데 유명인사들도 심심찮게 찾아왔다. 한 번은 캐나다의 소설가인 마가렛 애트우드가 찾아온 적이 있었다. 몇 년 전 아무런 설명도 없이 내 책상에 《오릭스와 크레이크》란 제목의 책이 배달돼 온 적이 있었다. 이 소설은 인류의 마지막 날에 관한 판타지 소설이었다. 나는 무심코 책장을 넘기다가 지미란 소년이 색깔과 모양과 숫자를 구분하고 아몬드를 '코크-넛'이라고 부르는 회색 앵무새가 나오는 오래된 텔레비전 프로그램을 보는 단락을 발견하고 내가 왜 이 책을 받게 됐는지 깨달았다. 그 앵무새는 물론 알렉스였다. 퍼듀 대학에 있을 때 내가 알렉스에게 처음으로 아몬드를 보여주자 알렉스는 '코르크'라고 했었다. 그도 그럴만했던 것이 언뜻 보기에는 아몬드 껍질이 코르크와 닮았던 것이다. 그래서 우리는 알렉스처럼 아몬드를 "코르크 넛"이라고 부르기 시작했다.

애트우드의 소설을 받고 얼마 안 있어 나는 그녀가 래드클리프 협회에서 매년 수여하는 금메달을 그 해 받게 돼 보스턴으로 온다는 소식을 들었다. 나는 그녀가 실제로 알렉스와 만나면 좋아할 거란 생각이 들어서 그녀의 홍보담당자에게 연락해 우리 실험실에 한 번 와보지 않겠냐고 초대했다. 나는 래드클리프에서 그녀를 태워 브랜다이스 대학으로 데려왔다. 애트우드는 근사한 옷을 입고 상냥하게 날 대했지만 말수가 적었다. 그런데 알렉스는 뭣 때문인지 그날따라 전혀 협조하려고 들지 않았다. 나는 20분 동안이나 알렉스를 붙잡고 "코르크 넛"이란 말을 하게 하려고 씨름했다. 그러나 알렉스는 묵묵부답이었다. 그러다 마지못해 생색내듯이 "호두…호두…"란 말만 겨우 했다.

울화가 치밀기도 하고 미안해진 나는 아몬드라면 환장하는 그리핀에게 돌아섰다. 그리핀은 민첩히게 "코르크 넛"이라고 말할 줄 알았던 것이다. 하지만 그리핀 역시 어이없게도 "호두…호두…"란 말만 재잘거렸다. 결국 애트우드는 초대해줘서 고맙다고 공손하게 인사한 후 떠났다. 그녀가 문을 나가자마자 알렉스와 그리핀은 개구쟁이처럼 입을 모아 소리쳤다. "코르크 넛…코르크 넛…."

코르크 넛에 관한 일화는 이것 말고 하나 더 있다. 한 번은 대형마트인 트레이더 조에 들어가 판매원에게 코르크 넛이 어디 있는지 물은 적이 있다. 판매원 총각은 '이 사람이 돌았나'라는 표정으로 날 봤다. 그러자 나는 바로 내가 한 실수를 깨달았다. "어머, 아몬드죠. 내 말은 아몬드가 어디 있냐는 거였는데." 난 당황해서 어찌할 바를 모르며 주절댔다. "우리 아이가 아몬드를 코르크 넛이라고 부르는 바람도 나도 그만 입에 붙어서." 그리곤 나는 허겁지겁 그 가게에서 나와 버렸다. 까닥 잘못하면 실험실에서 쓰는 말들이 입 밖으로 나와 버린다. 학생들 역시 알렉스의 말투를 흉내 내서 이런 식으로 말했다. "샤–우어…푸–와…쑤–리." 우리들끼리 통하는 농담이 이렇게 가끔 실험실 밖으로 탈출하기도 한다.

알렉스가 여자보다 남자를 더 좋아하고 특히 맘에 드는 남자를 보면 회색 앵무새가 짝짓기를 할 때 추는 춤을 춘단 이야기는 전에도 했다. 2007년 초에는 알렉스가 특히 총애하는 스티브 패트리아코만 보면 사족을 못 쓰고 덤벼서 불쌍한 스티브를 난감하게 만들었다. 약 6개월 동안 스티브가 알렉스를 안기만 하면 알렉스는 스티브의 어깨 위로 다다다 달려가 깃털을 잔뜩 부풀리면서 한발 한 발 스텝을 밟아 춤을 추면서 입에 든 음식을 게워냈다. 정말이지 우스꽝스럽기 짝이 없는 광경이었다. 게다가 이럴 때는 훈련이나 테스트는 안중에도 없었다.

우리는 수의사의 충고를 받아 알렉스가 좋아하는 판지로 만든 상자를 치워버렸다. 투싼에서 지낸 후로 알렉스는 판지 상자의 창문과 문을 열정적으로 씹어대는 습관이 있었다. 알렉스는 자신의 '집'에서 시간을 보내면서, 머리도 식히고, 혼잣말도 열심히 하고, 실험실에서 한 활동에 대해 이러쿵저러쿵 논평하는 걸 좋아했다. 그 종이 상자는 말하자면 알렉스의 둥지와 같았다. 수의사는 당시 알렉스의 체내에서 용솟음치는 호르몬의 정체가 뭔지는 알 수 없지만 그 종이 상자가 호르몬 문제를 더 악화시키는 것 같다고 생각했다. 그의 권고대로 우리는 알렉스를 진정시키기 위해 두부를 먹였다.

하지만 8월이 되자 알렉스는 다시 정신을 차려 연구를 시작했고 스티브에게도 전처럼 그렇게 자주 짝짓기 춤을 추진 않았다. 그래서 나는 그에게 판지 상자를 돌려줬다. 그 무렵 학생 중 하나가 생일 케이크를 가져와서 앵무새들까지 합세해서 모두 나눠먹었다. "맛난 빵." 알렉스는 그 맛을 음미하면서 말했다. 그는 이전에 '맛난'이란 말과 '빵'이란 말을 배웠다. 하지만 '맛난 빵'이란 말은 순전히 알렉스기 조합해 낸 것이었다. 8월 말이 되자 인부들이 로비의 창문 밖에 있는 나무를 잘라버렸다. 알렉스는 이제 더 이상 새 구경을 할 수 없었다.

나는 미디어랩에 있던 시절 이후로 알렉스와 착시 현상에 대해 연구해볼까 하는 생각을 죽 하고 있었다. 2005년 여름 나는 하버드 대학의 심리학 교수인 패트릭 케이버네그와 한 팀이 돼서 그 아이디어를 행동으로 옮겼다. 인간의 두뇌는 많은 속임수를 부려서 가끔 우리는 사물을 있는 그대로 보지 못한다. 패트릭과 나는 단순하면서도 심오한 질문을 던져보기로 했다. '알렉스가 우리가 보는 방식으로 세상을 보는 걸까?' 다시 말하면 알렉스의 두뇌가 우리 두뇌와 같은 방식으로 착시 현상을 경험하는 것일까?

나는 사물의 이름을 배우거나 분류하거나 숫자를 배우는 것을 넘어서 알렉스와 나의 여정에서의 다음 번 도착지를 이 연구로 점찍었다. 새와 인간의 두뇌는 2억 8천만 년 전에 각자 다른 진화의 길을 갔다. 이는 새와 포유류의 두뇌 구조가 크게 다르기 때문에 두뇌 작용 역시 크게 다르다는 뜻일까?

2005년 에릭 자비스와 동료들이 그해 기념비적인 논문을 발표하기 전까지 이 질문에 대한 답은 확고부동하게 '그렇다!' 였다. 포유류의 두뇌를 보면 대뇌피질이 층층이 겹쳐진 그 막강한 모습에 넋을 잃게 된다. 그러나 새의 두뇌는 그런 대뇌피질이 없다고 했다. 따라서 새의 인지력 역시 매우 제한적일 것이라는 추론이 지배적이었다. 알렉스와 30년간 연구해오면서 나는 이 주장을 수도 없이 들었다. 알렉스의 두뇌는 이른바 '새 대가리' 기 때문에 사물의 이름이나 범주도 말할 수 없고, 크기의 차이나 같음과 다름의 차이도 구분할 수 없어야 했다. 하지만 우리의 알렉스는 이런 일들을 모두 멋지게 해냈다. 나는 이런 알렉스의 성취가 심오한 진실을 입증하고 있다는 것을 알고 있었다. 즉 두뇌의 모양이 다르고, 구조적 차이 때문에 할 수 있는 능력의 범위에 우열이 있을 수 있지만 생물체의 뇌와 지능은 전체적으로 볼 때 공통된 부분이 있다는 것이다. 다시 말하면 능력은 각양각색이지만 기본 요소는 같다는 것이다.

새천년에 들어섰을 무렵부터 비로소 이런 내 주장에 힘이 실리기 시작했다. 나와 알렉스의 작업뿐 아니라 다른 과학자들의 작업 역시 큰 성과를 올렸다. 이제 동물의 지능이 과거에 생각했던 것보다 훨씬 높다는 의견을 과학계에서 수용하기 시작했다. 이런 징조 가운데 하나로 나는 미국 과학 발전 협회에서 매년 주최하는 심포지엄의 2002년 공동 사회를 맡았었다. 이 해 심포지엄의 주제는 〈조류 인식 : '새 대가리'라고 불리는 게 칭찬일 때〉였다. 이 심포지엄의 서론은 이랬다. "이번 심포지엄의 목적은 대뇌피질 구조도 빈약하고, 진화의 역사가 인간의 그것과 크게 다르지만 많은 조류 종들이 다양한 인지 능력에 관련된 과제에서 인간과 동등하거나 때로는 인간의 능력을 넘어서는 것을 밝히는 것이다." 5년 전만 해도 이런 심포지엄은 개최되는 것 자체가 매우 힘들었을 것이다. 이것 하나로도 발전이라고 볼 수 있다. 3년 후에 발표된 자비스의 논문은 새와 인간의 두뇌가 구조상 크게 다르지 않다는 사실을 명쾌하게 밝힌 것이었다. 또 일보 전진.

패트릭과 내가 2006년 7월 국립 과학 재단에 연구 제안서를 제출했을 때 우리는 적어도 어떤 면에서는 우리가 세상을 보는 것처럼 알렉스도 세상을 볼 것이라고 예측하고 있었다. 우리는 연구비를 지원받을 수 있을 지에 대한 답변을 듣기 전에 예비 연구에 착수했다. 우선 아주 흔한 착시를 첫 번째 테스트로 골랐다. 여러분도 심리학 교과서나 인기 있는 잡지 기사에서 분명 한 번은 본 적이 있는 테스트일 것이다. 길이가 같은 직선이 두 개 있는데 하나는 끝의 화살표가 밖으로 향해있고, 또 하나는 화살표가 안으로 향해 있다. 두 선의 길이는 같지만 육안으로 보기에는 화살표가 안을 가리키고 있는 선이 훨씬 더 길어 보인다. 이것이 바로 착시다. 우리는 알렉스의 독특한 능력이 잘 발휘될 수 있도록 이 테스트를 조금 개조했다. 우리는 두 선의 색깔을 다르게 칠하고, 화살표는 검은 색으로 칠했다. 그리고 알렉스에게 물었다. "어떤 색이 더 크지-작지?" 알렉스는 거듭해서 일반적으로 사람들이 선택하는 것과 똑같은 대답을 했다. 알렉스는 착시에 관한한 우리와 같은 방식으로 세상을 본 것이다. 아주 순조로운 출발이었다.

2007년 6월 패트릭과 나는 연구비를 받게 될 것이라고 확신했는데 8월 말에 바로 다음 달부터 연구비가 나온다는 소식을 들었다. 이제 1년간 연구비 걱정은 하지 않아도 되는 것이었다. 그 다음 주 월요일에 우리는 하버드 대학의 윌리엄 제임스 홀 7층에서 축하 파티를 열었다. 나는 특히 경제적 부담을 덜게 돼서 아주 기뻤다. 2006년부터 나는 하버드의 평생 교육원에서 시간 강사로 일하고 있었고, 2007년이 시작되면서 심리학과에서도 강의를 맡고 있었다. 알렉스 재단에서 조금 나오는 수입을 합쳐 근근이 살아갔지만 끼니를 두부로 때우고, 14도로 실내 온도계를 맞춰놔야 하는 생활은 변함없었다. 이제 연구비를 받게 됐으니 숨통이 트일 것이다. 나는 박봉이지만 그럭저럭 살아갈만한 월급과 보너스를 받는 연구 부교수가 됐다. 그리고 실험실 비용의 35퍼센트를 지원받는다. 따라서 그 해에 모금해야 할 액수가 35,000불이 줄어들었다. 이보다 더 기쁠 수 있겠는가. 이 자리는 종신 교수직은 아니었지만 그래도 이만하면 승진이라고 할 수 있었다.

알렉스는 그 주에 기운이 좀 빠지긴 했지만 특별히 이상한 구석은 보이지 않았다. 실험실의 새들은 지난달에 무언가에 감염돼서 앓긴 했지만 이제는 괜찮았다. 수의사는 앵무새들 모두가 건강하다고 말했다. 수요일 오후(9월 5일)에 아데나 스카샤너가 실험실에 나와 알렉스와 함께 있었다. 그녀는 하버드 대학 심리학과 대학원생으로 음악적 능력의 기원을 연구하는 중이었다. 우리는 알렉스와 음악에 대한 연구를 해보면 흥미로울 거라고 생각했다. 그날 저녁 우리는 어떤 종류의 음악이 알렉스의 마음을 끄는지 보기로 했다. 아데나가 1980년대에 유행했던 디스코 음악을 틀자 알렉스는 리듬에 맞춰 머리를 까닥거리며 흥겨워했다. 아데나와 나 역시 알렉스가 머리를 까닥거리는 음악에 맞춰 춤을 추었다. 실컷 춤을 추고 난 후 우리는 다음번에는 좀 더 진지하게 연구하자고 다짐까지 했다.

다음 날인 6일 목요일, 알렉스는 오전에 학생 두 명과 음운 연습을 했는데 별 흥미를 보이지 않았다. "알렉스가 작업에 아주 비협조적이었다. 몸을 홱 돌리고 우리를 상대도 하지 않았다." 학생들은 알렉스의 작업 일지에 이렇게 썼다. 오후도 중반에 다다를 무렵 알렉스는 좀 더 집중하는 모습을 보였는데 이번에는 밑에 땅콩이 하나 있는 색깔이 칠해진 컵을 고르는 간단한 과제였다. 나는 평상시처럼 5시에 도착했다. 알렌은 퇴근한 후였다. 그녀와 학생들은 금요일 아침 정기적으로 관리실에서 청소하는 일정에 맞춰 바닥에 깔아놓은 매트를 이미 한쪽으로 치워 놓고 갔다. 학생인 샤논 카벨이 나와 함께 있었다. 우리는 컴퓨터로 작업을 하고 있었고 알렉스가 가운데 횃대에 앉아 컴퓨터 스크린을 보고 있었다. 나는 새로운 착시 현상 테스트를 고안해서 거기에 색깔과 형태를 제대로 맞추려고 손을 보고 있었다. 별로 까다로운 작업은 아니었고 사소한 부분만 손보면 되는 일이었다. 알렉스는 평상시처럼 살갑게 굴면서 재잘거리고 있었다.

6시 45분에 보조등이 켜졌는데 이 등이 켜지면 몇 분 안에 정리하고 건물을 나가야 한다. 그리고 주 전원이 꺼져서 이제는 새들을 새장에 넣어야 할 때였다. 워트를 제일 먼저 넣고, 그 다음에 알렉스, 그리고 마지막으로 마뜩찮아 하는 그리핀을 넣었다.

"착하게 있어. 사랑해." 알렉스가 내게 말했다.

"나도 사랑해." 내가 대꾸했다.

"내일 올 거야?"

"그래, 내일 올게." 우리는 다른 때처럼 이렇게 인사를 나눴다. 그리핀과 워트는 평소처럼 아무 말도 하지 않았다. 나는 실험실을 나와서 40분을 차로 달려 북쪽 해안에 있는 스웜프스콧에 있는 집으로 갔다. 그리고 이메일을 체크하고, 가볍게 저녁을 먹고, 와인을 한 잔 마신 후 잠자리에 들었다.

다음 날 아침 나는 평상시처럼 6시 반에 일어났다. 샤워를 하고 스트레칭을 한 후 바닷가로 산책을 갔다. 이렇게 매일 바닷가를 산책하는 게 너무 좋았다. 그러려고 이곳으로 이사 왔던 것이다. 해는 이미 떴지만 중천까지는 오지 않아 잔잔한 바다 위로 번쩍이는 황금빛 길을 냈다. 뉴잉글랜드의 9월 초 눈부신 아침이었다. 장관이 아닐 수 없었다.

나는 8시 반에 집으로 돌아와 컴퓨터 앞에서 아침을 먹었다. 이메일이 한 통 와 있었다. "ITALK 연구비 신청이 통과됐다는 것을 확인하는 메일입니다. 귀하는 우리 컨설턴트 중 한 분이십니다. 축하합니다! 곧 다시 연락드리겠습니다." 이 메시지는 유럽에 있는 내 동료가 보낸 것이었다. 그는 컴퓨터 모델과 로봇이 들어간, 언어의 진화에 대한 대대적인 프로젝트를 제안한 일단의 컨소시엄에 참여한 연구자 중 하나였다. 이 프로젝트는 연구비를 목표로 경합한 32개의 지원서 중에서 1등을 차지해서 우선 2008년 2월에 6백만 유로를 받게 됐다. 나는 이 연구에 적극적으로 참여할 순 없지만 적어도 1년에 한 번은 비행기를 타고 유럽으로 날아가 연구 결과와 새로운 아이디어를 내는 브레인스토밍에 참여할 것이다.

NSF 연구비 신청이 통과됐다는 소식을 받은 지 며칠 지나지 않아 유럽에서 받은 이 뉴스는 일종의 보너스로 뛸 듯이 기쁜 소식이었다. 나는 허공에 대고 연신 두 주먹을 찔러대며 소리쳤다. "좋았어! 이젠 일이 슬슬 풀리려나 봐!" 나는 즉시 동료에게 답장을 쓰고 일어나서 부엌으로 가서 커피를 한 잔 더 따라왔다.

몇 분 동안 가만히 서서 짙은 커피 향을 음미하고 있자니 친구 제니가 한때 했던 말처럼 가끔 스쳐지나가던 생각이 또 떠올랐다. 1977년 그날 내가 알렉스가 아닌 다른 앵무새를 데려왔더라면 알렉스는 평생을 무명으로 주목받지 못한 채 지루한 일상을 달래며 그럭저럭 살아가야 했을 것이다. 물론 나는 알렉스를 데려왔고, 우리는 긴 세월 동안 놀라운 업적을 쌓아오면서 살아왔으며, 이제 함께 또 다시 새로운 목적지를 향해 여행을 떠날 준비를 하고 있다. 우리에겐 연구비도 있었다. 나는 미디어랩에서 들뜬 생활을 하던 이후 처음으로 행복했고, 설레면서도 안정된 기분을 한껏 즐겼다. 좋았어! 그리고 나는 다시 컴퓨터로 돌아갔다.

그런데 그 사이에 또 메일 한 통이 도착했다. 제목은 딱 한 단어였다. "슬픔……." 메시지를 읽으면서 나는 이내 전신의 피가 차가워지기 시작했다. "오늘 아침 호세가 실험실을 청소하러 갔다가 앵무새 한 마리가 새장 바닥에 죽어 있는 것을 발견했는데…그 새가 누구인지는 확실하지 않지만…실험실 뒤쪽의 왼쪽 구석에 있었는데……." 그 메일은 브랜다이스 대학의 동물 관리 시설 책임자인 수의과장 K. C. 헤이스가 보낸 것이었다.

순간 나는 공황 상태에 빠졌다. '안 돼…안 돼…그럴 순 없어! 실험실 뒤편 왼쪽 구석이라니. 그긴 알렉스의 새장이야!' 나는 몰려오는 공포를 피하려고 숨을 몰아쉬었다. 아마 헤이스가 왼쪽과 오른쪽을 헷갈렸을 거야. 실수한 거겠지. 알렉스가 아닐 거야. 알렉스일 리가 없어! 수화기를 잡아챈 순간에도 나는 그 실낱같은 희망에 매달렸지만 사실은 헤이스가 실수하지 않았다는 것을 마음 속 깊은 곳에서는 알고 있었다. 난 알렉스가 죽었다는 것을 알았다. 다이얼을 돌리기도 전에 헤이스가 보낸 두 번째 메일이 도착했음을 알리는 소리가 들렸다. 메시지는 간단했다. "유감스럽게도 죽은 새는 알렉스입니다."

나는 청천 벽력같은 소식에 펑펑 울면서 간신히 헤이스와 통화했다. 그는 내게 알렉스를 천에 싸서 실험실 복도 끝에 있는 대형 냉장고에 넣어 두었다고 말했다. 나는 청바지와 셔츠를 대강 걸쳐 입고 차로 뛰어갔다. 동시에 알렌이 아무것도 모른 채 실험실에 들어가게 할 수는 없어서 그녀에게 전화했다. 통화가 됐을 때 그녀는 실험실이 있는 언덕 바로 밑 주차장으로 막 들어오고 있는 중이었다. "알렉스가 죽었대. 알렉스가." 나는 통곡했다. "하지만 어쩌면 사람들이 착각한 건지도 몰라. 어쩌면 알렉스가 아닐지도 몰라. 얼른 가서 확인해봐, 알렌." 내가 도대체 무슨 말을 하는 거야? 나는 헤이스가 실수하지 않았다는 것을 알고 있었다. 알렉스가 죽었다는 것을 알고 있었다. 하지만 그렇게 말하면 진실이 바뀌기라도 할 것 같은 기분이었다.

불쌍한 알렌. 이제는 그녀 역시 이성을 잃고 통곡을 하고 있었다. 마침내 그녀는 울음을 참으며 실험실에 가서 일이 어떻게 된 건지 알아보겠다고 말했다. 그녀는 언덕으로 가는 비탈길을 올라가서 건물 옆문으로 들어갔다. 그녀는 친구이자 실험실에서 자원 봉사하는 베쓰 린제이가 도착한 순간 함께 실험실에 들어갔다.

베쓰는 실험실에서 뭐가 달라졌는지 눈치 채지 못했다. 하지만 알렌은 그렇게 보고 싶지 않았던 광경을 그만 보고 말았다. 그리핀과 워트는 새장 안에 있었고, 새장 문은 닫혀 있었다. 알렉스의 새장은 조금 열려 있었다. 그리고 그 새장은 텅 비어 있었다.

근 한 시간쯤 후 내가 도착했을 때 알렌과 나는 껴안고 한동안 흐느껴 울었다. 고통과 절망의 물결이 거듭 우리를 휩쓸고 갔지만 아직도 우리는 믿을 수 없었고, 실감할 수 없었다. "알렉스가 죽을 리가 없어요." 알렌은 눈물을 흘리며 속삭였다. "알렉스는 거인이었어요."

우리는 알렉스를 부검하기 위해 수의사에게 데려가야 한다는 것을 알고 있었지만 둘 다 차마 냉장고에 가서 알렉스를 데려올 수 없었다. 베쓰가 우릴 대신해서 가서 알렉스를 조그만 이동장에 넣어 왔다. 우리 둘 중에 그나마 알렌이 40분간 차를 몰고 갈 수 있을 정도로 상태가 나은 편이라고 판단했다. 그녀는 알렉스나 다른 새들이 치료를 받거나 건강검진을 받아야 할 때마다 여러 번 병원에 데려갔다. 하지만 이번에는 경우가 다르다. 이번에는 알렉스를 다시 데려올 수 없다.

동물 병원의 의사 중 하나인 카렌 홈즈가 우리를 껴안고 위로해줬다. 그녀는 우리를 조용한 방으로 인도했고, 아직 천에 싸서 이동장에 들어 있는 알렉스를 우리가 앉은 소파 옆에 놨다. 알렌과 나는 앉아서 손을 잡고 울면서 별 말은 하지 않았다. 아니 아무런 말도 할 수가 없었다. 카렌은 내게 마지막으로 알렉스를 한 번 더 보겠냐고 물었지만 나는 거부했다. 몇 년 전 나는 관에 누워계신 시아버지를 본 적이 있었다. 그 후로 아주 오랫동안 관속에서 생명이 빠져나간 모습으로 누워 있던 그이의 이미지를 떨쳐버릴 수 없었다. 난 그때 다시는 죽음을 보지 않겠다고 굳게 마음먹었고, 심지어 어머니가 돌아가셨을 때도 그 결심을 꺾지 않았다.

나는 전날 밤 새장에 넣었던 알렉스의 그 모습 그대로 기억하고 싶었다. 생기발랄하고 장난꾸러기인 알렉스. 아주 오랫동안 내 친구이자 동료였던 알렉스. 과학계를 놀라게 하고 결코 해낼 수 없다고 남들이 말했던 성과를 무수히 이뤄낸 알렉스. 평균 수명이 다하려면 20년이나 남았는데, 아직 죽을 나이가 아니었는데 죽어버렸다. 나쁜 알렉스…….

나는 내게 마지막 인사를 속삭이던 알렉스의 그 모습 그대로 기억하고 싶었다. "착하게 있어. 사랑해."

나는 일어서서 문에 손을 댄 채 나직이 속삭였다. "안녕, 작은 친구." 나는 돌아서서 병원을 나왔다.

| chapter 8 |
알렉스가 내게 가르쳐 준 것

알렉스는 마치 마법사가 무대를 퇴장하는 것처럼 홀연히 우리 곁을 떠나버렸다. 빛이 한 번 번쩍 빛나고, 연기가 자욱하더니, 마법사는 관객을 마법으로 홀려서 무슨 비밀이 숨어 있는지 궁금하게 만들어 놓고 바람처럼 사라져버렸다. 알렉스의 갑작스럽고 예상치 못했던 퇴장 덕분에 나는 새삼 그가 이룬 업적에 경이로워하면서 만약 알렉스가 더 오래 살았더라면 또 무슨 일을 해냈을지 궁금해졌다. 알렉스는 최고의 자리에 있을 때 떠났다. 어떤 사람들은 알렉스를 정말 마법이거나 아니면 초자연적인 존재로 보기도 했다. 진정 알렉스는 우리에게 또 다른 세계, 항상 존재했지만 우리의 가려진 시야 너머에 있었던 세계를 잠깐 보여준 것이다. 동물의 지성이라는 세계 말이다. 내가 어렸을 때는 내 본연의 목소리를 내본 적이 거의 없었다. 하지만 이 힘이 넘치는 귀여운 깃털뭉치는 자연이란 숨겨진 세계에 목소리를 부여했다. 그는 나와 우리 모두에게 위대한 스승이었다.

알렉스가 내게 가르쳐준 가장 실질적인 교훈은 인내심이었다. 어렸을 때부터 나는 황소고집이었다. 원하는 게 있으면 무슨 일이 있어도 끝장을 봐야했다. 내가 1970년대 초반에 알렉스 프로젝트를 시작할 때도 그런 투지와 이상을 가지고 시작했다. 앞으로 무수히 많은 현실적 장애와 새의 두뇌에 대한 적대적인 편견에 시달릴 것이라는 것을 그때 알았다면 그래도 그 모험을 시작했을까 궁금할 때가 있다. 하지만 나는 그러지 않았고, 동물 인지라는 신기한 세계를 탐험해야겠다고 단단히 마음먹었기 때문에 쉽게 마음을 돌리는 일도 없었을 것이다. 하지만 맙소사, 알렉스가 죽었을 때 우리가 이르렀던 그 경지에 이르기 위해 얼마나 많은 인고의 세월을 보냈던가. 되돌아보니 까마득해지는 느낌이었다.

과학적인 면에서 보자면 알렉스가 나와 우리 모두에게 가르쳐준 가장 위대한 교훈은 동물의 지적 능력은 대다수의 행동주의 과학자들이 믿었던 것보다 훨씬 더 인간의 그것과 비슷하다는 점이다. 그렇다고 지금 내가 동물이 인간보다 조금 지능이 낮은 미니(유사) 인간이라는 말을 하는 건 아니다. 알렉스는 실험실을 거들먹거리고 다니면서 사람들에게 자질구

레한 명령을 내릴 때면 깃털 난 나폴레옹처럼 보이긴 했다. 하지만 그의 존재를 실제 이상으로 과장하고 싶은 생각은 추호도 없다. 내가 진심을 다해 강조하고 싶은 것은, 동물은 주류 과학계에서 아주 오랫동안 생각했던 것처럼 지각과 감성이 없는 자동로봇보다는 훨씬 더 뛰어난 존재라는 사실이다. 알렉스는 우리에게 동물의 지력에 대해 우리가 얼마나 아는 것이 없는지, 그리고 발견해야 할 게 얼마나 많은지를 가르쳤다. 이러한 통찰은 철학적으로, 사회적으로, 현실적으로 아주 심오한 의미를 담고 있다. 이는 '호모 사피엔스'란 종과 자연에서 이 종이 차지하는 자리에 대한 우리의 시각을 반영하고 있다.

동물에게 지성이 있다는 생각을 과학자들이 지지하게 된 연유가 비과학자들이 상식이라고 생각하고 있는 것과 대립되고 있다는 사실은 흥미로우면서도 배울 점이 많다. 이런 점들은 한 종으로서의 인간에 대해 많은 것을 시사하기 때문에 탐구할만한 가치가 있다. 인간은 항상 자신이 사는 세계와 그 세계 속에서 자신이 차지하는 자리를 이해하려고 노력해왔다. 자연과 자연의 리듬에 맞춰 조화롭게 살아가는, 이를테면 식물을 채집해서 먹고 사는 사람들은 자신을 이 세상에서 살아가는 다른 생명체들과 밀접하게 관련된 존재로 본다. 그들은 자신이 자연의 없어서는 안 될 한 부분이라고 인식하고 있다. 그리고 이런 믿음은 예컨대 오스트레일리아 원주민이나 아메리카 원주민의 신화와 민간 설화에 잘 표현되어 있다. 인류 역사에서는 상당히 근래에 생긴 호모 사피엔스란 종이 나타난 후로도 6천 세대 동안 살아온 인류 역시 이런 믿음을 품고 있었을 것이다. 그런데 서구 문명이 그리스에 뿌리내리기 시작했을 때 아주 다른 사고방식이 나타나기 시작했던 것이다.

B. C. 4세기에 아리스토텔레스가 자연 세계에 대한 시각을 정립했는데 그 시각의 본질적인 내용은 아직도 우리들의 관념 속에 뿌리 깊게 남아 있다. 그는 모든 생물과 무생물의 중요성을 지성을 기준으로 순서별로 정했다. 인간은 그 위대한 지적 능력 덕분에 제일 위, 즉 신 바로 밑에 있다. 그리고 아래로 내려갈수록 더 낮은 생물들이 있으며 마지막에는 식물이 있다. 나아가 가장 밑바닥에는 광물 세계가 차지했다. 유대-기독교 전통은 적극적으로 아리스토텔레스의 이 청사진을 받아들여서 인간에게 다른 모든 생명체와 지구를 지배할 수 있는 권리를 부여했다. 이런 식의 자연에 대한 묘사가 바로 '우주와 자연의 위대한 질서'로 받아들여지게 된 것이다. 어쨌거나 인간은 모든 피조물과 다를 뿐 아니라 아주 우월한 존재라는 것이 그 핵심이다.

다윈이 우리는 신의 창조물이라기보다 진화의 산물이라고 주장했을 때도 변한 것은 별로 없었다. 생명체의 우월성을 순서별로 매긴 우주와 자연의 위대한 질서가 단지 점진적 진화론의 역동적인 과정으로 껍질만 변했을 뿐이다. 단순한 형태의 생물이 진화론적인 시간의 흐름에 따라 더 복잡한 생물이 됐다가 결국엔 모든 생명체의 정점이자 목표인 인간이 된 것이다.(다윈은 물론 이런 식으로 표현하지 않았지만 인류학에 초점을 맞춘 다른 학자들은 아무 거리낌 없이 그의 이론을 이렇게 자의적으로 해석해버렸다.) 따라서 모든 생명체는 우리가 이용하기 위해 존재한다는 것이다. 우린 진화론적으로 물려받은 유산을 통해 자연과 연결되어 있지만 어쨌든 여전히 다른 생명체와 다르고, 그보다 우월하다는 것이다. 대부분의 과학자들은 얼마 전까지만 해도 이렇게 믿고 있었다. 호모 사피엔스의 또 다른 이름은 바로 자만심이었던 것이다.

호모 사피엔스가 진화를 통해 자연의 나머지 생명체들과 밀접하게 연관되어 있다는 것을 인정하면서 인간의 자존심은 상당 정도 타격을 받았다. 자연에서 인간만 지능과 구어를 가지고 있다는 믿음이 우리의 망가진 자존심에서 구해준 구명조끼였다. 이 믿음 덕분에 우리는 우리보다 저열한 생명체들 위로 둥둥 떠 있을 수 있었다. 다윈의 열렬한 옹호자인 토마스 헨리 헉슬리(저명한 생물학자–옮긴이)가 1872년 출간한 저서 《자연에서 인간이 차지하는 자리》에서 다음과 같이 썼듯이 말이다. "인간과 짐승들 사이에 거대한 간극이 있다는 것을 나는 그 누구보다 강하게 확신한다. 인간만이 지능과 이성적인 회화라는 경탄스러운 재능을 보유하고 있기 때문이고…… 자연에서 인류의 비천한 동료들보다 훨씬 높은 산 정상에 우뚝 솟아있는 존재라는 것을….”

이런 거만한 정서는 한 세기가 지나도 별로 바뀌지 않았다. 1973년 노먼 맬컴이 미국 철학 협회의 회장 연설에서 전한 메시지도 본질적으로 같다. “언어와 사고의 관계는 분명…… 밀접하게 관련되어 있기 때문에 사람이 생각이 없다고 추측하는 것이 터무니없는 것처럼 동물에게 생각이 있다고 추측하는 것 또한 똑같이 어리석은 생각이다.” 말콤이 이 연설을 한 바로 그 다음 해에 나는 장래에 〈알렉스 프로젝트〉가 될 연구를 시작했고 그 후에 《가드너》에 와쇼에 대한 첫 논문이 실렸다. 하지만 많은 이들이 보기에 이 문제는 아주 간단한 방정식으로 해결됐다. 즉 언어를 구사하려면 사고를 해야 하는데 동물에게는 언어가 없다. 따라서 동물은 어떤 생각도 하지 못한다. 이 주장은 또한 1920년대에 시작된 행동주의의 복음서와 같았고, 내가 알렉스와 연구를 시작했을 때도 여전히 지배적인 교리로 남아 있었다. 동물들은 자동로봇과 같은 존재로 자극에 아무 생각 없이 반응한다고 행동주의자들은 주장했는데, 그 주장은 정확히 350년 전에 르네 데카르트(수학자이자 철학자—옮긴이)가 했던 주장과 똑같았다.

그러니 이 책의 앞부분에 내가 언급했던 것처럼 '영리한 한스' 총회에 참석한 사람들의 감정이 그렇게 격앙됐던 것도 무리가 아니었다. 유인원과 돌고래를 연구하는 사람들은 인간만이 독특한 종이라는 소중한 개념에 정면으로 도전하고 있었던 것이다. 유인원-언어 연구의 방법론적 문제에 대한 의견은 자유롭게 발표될 필요가 있었다. 하지만 그 총회가 개최된 근본적인 동인은 그간 사람들이 간직한, 인간의 탁월함을 보호하고자 하는 욕망 때문이었다. 그리고 이런 생각은 사실 단 한 번도 시험대에 오르지 않았다.

인간의 독특함이란 요새는 1980년대부터 공격을 받아서 드디어 서서히 무너지기 시작했다. 우리는 한때 인간만이 도구를 사용한다고 생각했다. 그러나 침팬지들이 막대기와 나뭇잎을 도구로 사용하는 것을 제인 구달이 발견하여 그렇지 않다는 사실이 입증됨으로써 그 믿음은 깨졌다. 좋아, 그러나 오로지 인간만이 도구를 만들 수 있어. 그 믿음 역시 구달과 다른 연구자들이 반대되는 증거를 발견하면서 여지없이 허물어졌다. 오로지 인간에게만 언어가 있다. 맞아, 하지만 인간이 아닌 포유동물도 언어의 요소를 갖고 있다는 것이 밝혀졌다. 매번 인간이 아닌 동물이 인간의 영역에 속한 일들을 행하는 것이 드러나면서 '인간은 특별한 존재다'라는 교리를 지키는 사람들이 허겁지겁 골대를 옮기는 일이 벌어졌다.

결국 이 수호자들은 그간 소중하게 보호받아온 인간의 인지 능력의 진화론적 뿌리가 사실은 인간이 아닌 동물에서도 발견됐다는 것을 인정했지만 그것은 단지 뇌가 큰 포유동물들, 특히 유인원들에게서만 나왔다고 애써 단정 지었다. 그러나 알렉스는 일련의 놀라운 성취를 통해 이 역시 사실이 아니라는 점을 우리에게 가르쳐줬다. 뇌도 호두알만하고, 영장류도 아니고, 포유류도 아닌 생물이 침팬지만큼 의사소통의 기본 요소를 배울 수 있었던 것이다. 긴 시간 끊임없는 시도로 만들어진 새로운 의사소통 채널이 알렉스의 마음에 창을 하나 내서 나와 우리 모두에게 다른 생명 안에서 이루어지는 극히 정교한 정보처리 과정, 이전 장들에서 내가 묘사한 사고 과정들을 드러내 보여준 것이다.

단지 아프리카 회색 앵무새들에게뿐 아니라 그간 밝혀지지 않았던 동물들의 거대한 인지 세계가 엄연히 우리 세계 안에는 존재하고 있다. 이 세계는 과학이 대부분 건드리지 못한 세계이다. 분명 동물들은 우리가 생각하는 것보다 훨씬 많이 알고 있으며, 우리가 알고 있는 것보다 훨씬 더 많이 생각하고 있다. 근본적으로 바로 그것이 알렉스가(그리고 점점 늘어나는 연구 프로젝트들이) 우리에게 가르쳐준 것이다. 알렉스는 자만심이 우리의 눈을 멀게 해서 동물과 인간 지성의 본성을 보지 못했다는 것, 지금까지 통용된 학설보다 동물의 지성에 대해 배울 것이 훨씬 많다는 것을 가르쳐줬다. 그 과정이 지난한 것이었던 만큼 알렉스와 내가 그렇게 많은 혹평을 받았던 것도 놀랄 일이 아니었다.

우리 때문에 골수주의자들은 허둥지둥 골대를 여러 번 옮겨야 했다. 새들은 사물의 이름을 배울 수 없다고 그들은 말했다. 그런데 알렉스가 해냈다. 오케이. 새들은 일반화하는 법을 배울 수 없어. 알렉스가 또 해냈다. 좋아. 하지만 추상적인 개념은 배울 수 없어. 알렉스는 그것마저도 해냈다. 흠, 지들이 '같은' 것과 '다른' 것의 차이를 이해할 수 있겠어, 감히? 그런데 무적의 알렉스가 그것마저 해냈다. 그 외에도 수없이 많은 것들을 알렉스는 이뤄냈다. 알렉스는 이 고집불통 회의론자들에게 동물 지성의 한계를 훨씬 더 확장해서 이해해야 할 것이라고 가르쳤지만 그들은 아주 더디게 그것도 내키지 않는 걸 억지로 배우는 모습을 보여주었다.

과학은 그 방법론에 있어 엄격해야 한다. 나도 그 점은 이해한다. 그래서 내가 지난 세월 동안 알렉스와 더불어 그렇게 뼈가 부서지도록 일한 것이다. 나는 수도 없이 알렉스를 테스트 받게 해서 마침내 확실한 통계 수치를 가지고 알렉스가 이런저런 인지적인 능력을 보유하고 있다고 발표할 수 있었다. 불쌍한 알렉스. 그러니 가끔씩 그렇게 질려서 훈련하는 걸 거부하거나 아니면 기발한 속임수를 썼던 것이다. 가끔씩 알렉스가 목전에 둔 훈련이니 테스트를 넘어 앞으로 더 나아가도록 나를 밀어붙였던 것도 놀랄 일이 아니다. 땅콩을 주지 않자 화가 난 알렉스가 "따…앙…콩"이라고 철자를 불러줬을 때 알렉스는 내가 요구한 것 그 이상을 해낸 것이다. 알렉스가 '없어'라고 대답할 수 있는 질문을 하게끔 날 부추

겼을 때, 그는 그 개념을 새로운 문맥에서 시험해 보고 있었던 것이다.

알렉스가 해낸 이런 저런 일들이 내게 뭘 가르쳤는가? 알렉스가 어느 정도는 의식적으로 행동했다고 말하면 심지어 그다지 과격하지 않은 행동주의 학자도 펄쩍 뛸 것이다. 알렉스가 사물의 이름을 대고 개념을 이해한 것을 증명했던 방식으로 이 주장도 증명할 수 있나? 아니, 이건 증명할 수 없다. 이제 생각하는데 언어가 꼭 필요한 건 아니라는 의견이 점차적으로 받아들여지고 있지만 많은 사람들이 그런 것처럼 나 역시 시각적으로 생각하며 있으며 인간이 아닌 동물들도 그렇게 할지 모른다. 언어는 다른 개체가 의식이 있다는 것을 증명하는데 필요하다. 언어는 다른 개체의 지성이 어떻게 작용하는지 탐구할 수 있도록 해주는 유일한 도구이다. 내가 알렉스에게 이런 질문을 했다고 치자. "왜 퍼듀에 있을 때 그 연구비 신청서를 씹어놨어?" 혹은 "노스웨스턴 대학에 있을 때 내 책상에 있던 슬라이드는 무슨 생각으로 씹어버렸어?" 그랬는데 알렉스가 "아, 그냥 재미로" 혹은 "그러면 박사님이 펄펄 뛸 줄 알았지"라고 대답한다면 알렉스의 의식을 순간 일별할 수 있었을 것이다. 하지만 알렉스는 인간이 쓰는 그런 식으로 언어를 사용하지 않는다. 그래서 나는 알렉스가 어느 정도 의식이 있었는지 증명할 수 없다. 하지만 알렉스가 하는 행동으로 봐서 분명 의식이 있다는 것은 짐작할 수 있다.

알렉스는 그의 작은 '새 대가리'로 어떤 면에서는 의도를 가지고 행동할 수 있다는 것을 나로 하여금 믿게 만들었다. 알렉스는 생각하고, 의식이 있는 생물들이 가득 찬 세계에 우리가 살고 있다는 것을 자각하게 만들어준 나의 선생이었다. 거듭 말하지만, 다른 동물들은 인간처럼 사고하고 의식하는 것은 아니지만 그렇다고 살아 있는 내내 몽유병자처럼 아무 생각 없이 걸어 다니는 로봇도 아니라는 것이다.

어떤 사람들은 동물의 지성에 대해 이렇게 새로 깨닫게 된 지혜를 이용해서 동물에게도 우리 인간이 스스로에게 부여한 것과 같은 권리가 있다는 주장을 펼치고 있다. 이 주장은 행동주의 과학자들의 극히 편협한 교리만큼이나 옳지 못한 것이다. 앵무새와 다른 애완동물들은 작은 인간이 아니다. 이들은 존엄성을 지닌 완전히 다른 개체이다. 이 동물들에게 관심을 기울이고 따뜻하게 보살펴야 할 가치가 있는가? 물론이다. 지능이 뛰어난 군집 동물로서 회색 앵무새는 홀로 방치하지 말고 같이 있어줘야 할 필요가 있으며, 애완동물로 데려와 놓고 하루 종일 혼자 있게 하는 것은 아주 잔혹한 짓이다. 하지만 그렇다고 앵무새나 다른 동물들이 광범위한 정치적 권리까지 가지고 있다는 뜻은 아니다.

알렉스가 우리에게 가르쳐준 가장 심오한 교훈은 자연 속에서 호모 사피엔스가 차지하는 위치에 관한 것이다. 알렉스가 중요한 역할을 한 동물 인지 혁명은 인간이 특별한 존재라는 우리의 믿음이 진실이 아니라는 것을 깨우쳐 줬다. 우리는 다른 모든 생물 위에 서는 우월한 존재가 아니다. 인간이 자연에서 똑 떨어져 우뚝 선 존재라는 생각은 더 이상 유효하지 않다. 알렉스는 우리에게 우리는 자연과 별개의 존재가 아니라 자연의 일부라는 것을 가르쳤다. '분리' 라는 개념은 동물과 식물과 광물로 이루어진 자연을 아무 대가도 치르지 않고 철저히 착취해도 된다는 위험한 환상을 인간에게 심어주었다. 우리는 지금 이런 환상에 대한 대가를 톡톡히 치르고 있다. 빈곤, 기아, 기후 변화 같은 것이 그 예이다.

생태학자인 내 친구들은 지구에 살고 있는 모든 생명체들이 서로 밀접하게 연결되어 있으며, 또한 이 생명체들은 무생물의 세계에 그 생존을 의지하고 있다는 것을 다른 과학자들보다 더 많이 알고 있다. 하지만 지역적, 국가적, 전 세계적인 동물과 식물계의 복잡다단함을 제대로 파악한다는 것은 역시나 비교적 최근에 하게 된 일이다. 생물학을 포함한 모든 과학은 20세기 내내 환원주의에 사로잡혀 있었다. 환원주의란 세계를 밑바닥부터 꼭대기까지, 가장 적은 부분부터 가장 큰 부분까지 나눠서 이 모든 것을 단지 한 기계의 일개 부품으로 보는 시각을 말한다. 다시 말하면 기계를 분해해서 개별적인 부품 하나하나를 검사하면 세상이라는 기계가 어떻게 돌아가는지 이해할 수 있다는 것이다.

환원주의 덕분에 우리는 자연의 구성요소들을 이해하고 어떤 요소들이 어떻게 들어맞는지 상당히 많이 이해할 수 있었다. 그 결과 우리는 컴퓨터를 만들고 고성능 기계들을 고안할 수 있었다. 하지만 일부 과학자들은 이 환원주의가 궁극의 목표는 이루지 못했음을 시인했다. 즉 세계가 어떻게 돌아가는지 이해하지 못했다는 것이다. 이렇게 실패한 이유는 자연의 모든 생물과 무생물이 모두 연결된 하나라는 것, 자연의 모든 영역에 있어서 그것이 본질적인 진리라는 것을 알아차리지 못했기 때문이다. 물리학자들이 가장 기본적인 미립자를 찾는다거나 모든 것에 대한 이론을 추적하는 그런 식으로 세계에 대한 궁극적인 해답을 구할 수 없다는 것이다.

상호 의존한다는 의미에서 자연에는 합일이란 철학이 있다. 과학자는 아니지만 과학적 소양이 있는 내 친구들은 이 진리를 즉각적이고 본능적으로 이해하고 있다. 말하자면 이 철학이야말로 '옳게' 느껴지는 것이다. 내 친구이자 알렉스 재단 이사인 뎁 리벨은 이렇게 표현했다. "알렉스는 내게 합일이라는 말의 의미를 가르쳐줬습니다. 내가 알렉스에게서 배운 것은 그간 내가 진리라고 알고 있었던 것을 뒷받침해줬습니다. 즉 세상에는 각기 다른 형태와 구조를 가진 개체들이 모여 하나의 창조물, 하나의 자연, 하나의 선하고 완전한 개념을 만들었으며 이 모두가 유일신이란 개념과 일치한다는 것입니다. 우리의 외모는 다르지만 우리 모두 각자 독특한 방식으로 영원한 미와 진리를 반영하는 존재이기 때문에 우리는 다르지 않습니다. 이런 사고와 존재가 하나의 틀 속에 모여 전체를 만들었습니다. 알렉스를 알게 되면서 우리가 사실은 얼마나 같은 존재인지 한층 더 깊게 깨닫게 됐습니다."

뎁은 하느님을 믿는 사람들이 알렉스에게서 어떤 진리를 배웠는지를 아름답게 묘사했다. 나는 개인적으로는 조직화된 한 종교에 별 관심이 없다. 하지만 나는 알렉스가 뎁과 나에게 가르쳐준 세상의 합일과 아름다움만큼은 절실하게 믿고 있다. 내 삶의 철학은 하나로 연결된 세상의 본질을 인정하는 데 그 뿌리를 두고 있으며, 어렸을 때 무명씨와 그 새가 인도한 자연에 대한 사랑이란 씨로 싹튼 것이다. 따라서 내 '종교'는 존재와 삶이 자연과 같이 자연 속에서 이뤄진다는 미국 원주민들의 지식(세계 인식)과 아주 흡사하다. 알렉스가 좀 더 우리 곁에 머물렀다면 알렉스의 마음에 난 창을 통해 우리가 얼마나 더 놀라운 일들을 목격할 수 있었을지 누가 알겠는가? 어쨌든 알렉스는 내게 한때 우리가 잘 알고 받아들였다가 잃어버렸던 자연과의 조화와 그 속에서 우리가 차지하는 역할의 올바른 인식이란 위대한 선물을 남기고 떠났다.

알렉스는 가버렸고, 그의 죽음으로 나는 우리의 관계가

얼마나 깊고 강했는지 절실히 깨달을 수 있었다. 알렉스가 죽었을 때 겪었던 온 몸이 불타는 것 같던 격렬한 통증과 슬픔을 통해 나는 그것을 알 수 있었다. 물론 나는 삼십년을 매일 같이 아주 가까이서 일한 동료를 사랑하듯이 그 작은 친구를 항상 사랑했다. 알렉스는 나와 학생들에게 물질적인 욕구에 대해서는 전적으로 의존했지만 그 외에는 항상 독립적이었고 그것도 아주 거만하게 독립적이었다. 나는 알렉스에게 너무 정을 붙이지 않도록 항상 조심했기 때문에 알렉스에 대한 감정이 얼마나 크고 깊었는지 이전에는 나 자신조차 깨닫지 못했다. 그러나 이제 나는 알렉스에 대한 내 벅찬 감정을 감추어야 할 이유가 사라져버렸다.

나는 회색 앵무새를 키우는 주인들이 대개 그렇듯이 알렉스를 자상하게 보살폈지만 알렉스는 아주 자유로운 기상을 가졌기 때문에 한 번도 내가 알렉스의 주인이라고 느껴본 적이 없었다. 이런 느낌은 내가 좋아하는 영화 중 하나인 〈아웃 오브 아프리카〉에 잘 표현되어 있다. 덴마크 작가 이자크 디너센의 회고록으로 출간한 같은 제목의 책을 스크린에 옮긴 이 영화는 케냐의 남서쪽에 있는 신비로운 은공(Ngong) 언덕을 무대로 덴마크 남작부인인 카렌 블릭센(디너센은 필명이고 카렌 블릭센이 본명)과 매력적인 사냥꾼이자 비행사인 핀치 해튼 사이의 이룰 수 없는 사랑에 대한 애절한 이야기이다. 이 책은 단순하면서도 영혼을 울리는 구절로 시작된다.

"아프리카에 내 농장이 하나 있었다."

만일 당신이 오늘날 아프리카에 가게 된다면 그곳은 당신의 피부 밑을 파고 들어가 당신의 영혼을 잠식할 것이다. 영화의 단순한 첫 문장은 즉각적으로 인간의 가장 근원적인 감정을 치고 간다. 우리는 이 원시의 땅 곳곳이 끔찍하게 약탈되고 파괴됐으며, 끝없는 탐욕과 필사적인 욕망이란 두 개의 재앙의 희생양이 됐다는 것을 알기 때문에 이 문장은 깊은 슬픔을 자아낸다. 슬프다. 이 신비로운 땅 아프리카에서 합일에 대한 인식은 어디로 사라져버렸을까?

이 이야기가 매력적인 이유 중 하나는 여주인공이 마치 나인 것만 같은 생각이 들어서이고, 그녀가 삶에서 추구하려 했던 것이 지난 30년의 나의 고투와 유사했기 때문일 것이다. 그녀는 수만 번 벽에 머리를 찧으면서 기존의 체제가 그녀를 받아들이도록 노력하면서 동시에 그 체제를 바꾸려고 했고, 큰 시련에 맞서 굴하지 않으려고 안간힘을 썼다. 그녀가 떠나고 나서야 그곳 사람들은 마침내 그녀가 이뤄낸 일들을 인정해줬다. 한 발 늦었지만 말이다.

하지만 내게 특별하게 다가왔던 것은 영화의 끝 장면 중 한 대목이었다. 블릭센은 일생 동안 좀처럼 손에 잡히지 않았던 연인 핀치 해튼이 죽었다는 사실을 받아들이고 그의 무덤가에 아름다운 이별의 말을 남긴다. 알렉스를 생각하며 그녀의 말을 이렇게 조금 고쳐본다.

그는 우리의 것도 아니고, 내 것도 아니었어요. 우리 모두 그를 알았다는 게 고마워요. 그는 우리에게 너무나 큰 기쁨을 주었죠. 우린 그를 사랑했어요.

내 삶의 근사한 순간

이제 진정으로 알렉스와 작별해야 할 시간이 온 것 같다. 알렉스와 보낸 지난 30년의 시간이 숱한 인고와 환희와 열애의 시간이었다면, 운명과도 같았던 알렉스가 내 곁을 떠난 뒤 지난 1년은 이 운명을 수백 수천 번 곱씹어본 외로움과 고통과 성찰의 시간이었다.

알렉스. 너는 이제 내 운명의 새장으로부터 날아가도 된다. 나는 기쁘고 감사한 마음으로 나만의 알렉스를, 이 아름다운 앵무새의 빛나는 영혼을 여러분에게 선물하고 싶다. 1년의 시간을 통해 내가 깨달은 진실 하나는 이미 알렉스의 영혼이 지닌 가치는 나 혼자 소유하고 있었던 것이 아니었다는 사실이었다. 알렉스라는 새 한 마리가 이룬 업적에 대한 언론의 찬사는 무척 고마운 것이었지만, 무너지려는 나를 다시 일으켜 세워주고 이 책을 쓸 수 있도록 용기를 주었던 것은 꾸밈없는 슬픔과 공감을 담아 보내준 마음의 편지들이었다. 편지를 보내준 사람들은 진실한 의미에서 이 책《알렉스와 나》의 공저자일 것이다. 그러므로 나는 여기 책의 마지막에 이 편지들에 담긴 사연의 일부분이라도 남겨두려 한다.

작년(2007년) 9월 6일 이후 언론이 연일 알렉스의 죽음을 기사화하는 동안 이메일로 마음을 담은 조문들이 쏟아지기 시작했다. 처음에는 물방울이 똑똑 떨어지는 것처럼 몇 통씩 오더니 몇 시간 못 가 급류가 됐다가 마침내는 홍수처럼 터져 밀려왔다. 실험실의 제이미 토록은 〈알렉스를 추억하며〉란 제목의 조문 사이트를 따로 만들어서 내가 알렉스와 진행해온 연구 서버가 다운되지 않도록 조치를 취해 주었다. 한 주 동안 2천 개가 넘는 메시지가 올라왔고, 한 달이 지난 무렵 그것은 3천 개로 늘어났다. 메일을 보내온 사람들 중 많은 수는 이전부터 알렉스의 존재를 알았거나 평소 '앵무새를 좋아하는 사람들' 이었지만, 전체가 다 그런 것은 결코 아니었다. 대체 무엇이 앵무새와 관계도 없었던 사람들의 마음까지 움직였던 것일까? 먼저 알렉스를 오래 전부터 지켜보았던 사람들의 이야기부터 소개하자면 다음과 같다.

"알렉스와 이렌느가 쌓아온 성과는 다른 사람들이 보기엔 어리석고 주제넘게 터무니없는 영역까지 넘보는 것이라고 했을지 모르지만, 회색 앵무새 과는 그렇지 않다는 걸 우린 처음부터 잘 알고 있었습니다." 이 글을 쓴 오하이오 주 데이튼의 소아 신경외과의사 로렌스 클라이너는 유기되거나 사람들이 원치 않는 새들을 구조해서 재활시켜주는 단체인 〈무지개 너머로 날개를 펴라〉 그룹의 회장이다. 그는 메일의 마지막에 이렇게 썼다. "알렉스는 우리의 조류 친구들이 진정 얼마나 뛰어난지 세상에 보여줄 수 있는 횃불이었고, 이렌느는 그 불이 켜질 수 있도록 힘을 북돋워 주는 원동력이었습니다. 알렉스는 그때까지 인간만이 할 수 있다고 간주된 재능과 감정을 근사하게 드러내서 우리 인간이 한 종으로서 얼마나 자기중심적인지를 알게 해 주었습니다. 알렉스는 수많은 사람들의 가슴 속에 살아있을 겁니다."

생물학자 린다 루스는 이런 내용의 메일을 보냈다. "알렉스가 요절했다는 소식을 들었을 때 나는 아이처럼 엉엉 울었습니다. 생물학자이자 수의사로 평생 새를 키워온 나는 알렉스가 많은 동물이 이미 가지고 있거나 지닐 수 있는 지능과 재능을 분명하게 보여줬다고 생각합니다. 알렉스를 본보기로 나는 많은 회의론자들에게 인간과 동물간의 간극이 우리가 전에 생각했던 만큼 그렇게 깊지 않다는 것을 설득할 수 있었습니다."

"박사님처럼 비범한 회색 앵무새를 키우는 저는 이 충격적인 소식에 아연실색했습니다." 뉴잉글랜드의 한 회사 중역인 남성이 보낸 메일은 이렇게 시작된다. "전 평소에 그렇게 감수성이 예민하거나 잘 우는 편이 아닌데 알렉스가 죽었다는 말을 듣고 한동안 회사를 나와 있어야 했습니다. 그날은 하루 종일 툭하면 눈물이 차올라 혼났습니다. 타의 추종을 불허하는, 빼어나게 아름다운 그 생물과 더불어 연구해주신 여러분 모두의 노고를 치하하고 싶습니다."

앵무새 교육 및 입양 센터의 앵커리지 지부 전무이사인 카렌 웹스터는 또 이렇게 조의를 표했다. "간디는 '세상에서 변화가 일어나는 것을 보고 싶다면 네 자신이 직접 그 변화를 일으켜라'라는 말을 했습니다. 이렌느 박사님과 알렉스가 바로 그 변화를 일으킨 주인공입니다. 개성으로 똘똘 뭉친 회색 털 뭉치(어쨌든 처음에는 그랬겠죠)와 한 여성의 노력이 전 세계에 있는 앵무새들의 삶을 더 잘 이해하고, 더 크게 향상될 수 있도록 했습니다. 이 얼마나 대단한 유산입니까."

"저는 몇 년 전 학부생들에게 동물의 행동에 대한 강의를 하면서 수업 시간에 알렉스를 소개했습니다. 그때 알란 알다가 진행한 '악명' 높은 《PBS》 비디오를 보여줬죠." 펜실베이니아 대학의 수의대에서 동물 행동을 연구하는 과학자인 데보라 더피가 메일을 보내온 메일이다. "학생들은 모두 감탄했습니다. 알렉스는 학생들에게 강한 인상을 남겼고, 동물

인지력에 대한 에세이 질문의 답변으로 가장 많이 인용됐습니다. 알렉스는 동물 대사로 우리에게 인간과 같은 두뇌가 있어야만 복잡한 인지력이 있는 게 아니라는 점을 분명하게 보여줬습니다. 알렉스가 죽으면서 과학계, 교육계, 동물 애호가들과 전 세계의 큰 별이 졌습니다. 우린 알렉스를 그리워할 겁니다."

워싱턴 D. C. 의 경제학자이자 수많은 애완동물을 키운 가정에서 자란 데이비드 스튜어트는 메일에 다음과 같은 글을 남겼다. "페퍼버그 박사님, 처음 이 연구를 착안해서 제안서를 내고 매번 더 힘든 시련이 닥쳐올 때도 굴하지 않고 계속 끈질기게 연구한 박사님의 용기에 대해 경의를 표하고 싶습니다. …… 아직도 박사님의 연구를 미심쩍어하는 사람들이 있다면 그 사람들은 인간이 독특하고 특별한 종이라는 나르시시즘에 빠져 있다고 생각 합니다. 시간이 지나면 인간을 규정하는 기준이 어떤 능력이 있다 혹은 없다는 양자택일적인 기준이 아니라 어느 정도의 능력이 있느냐는 수준을 가늠하는 기준으로 변할 것이라고 믿습니다. 박사님의 연구가 이런 일이 가능하도록 크게 기여했습니다. 박사님의 친구 알렉스의 죽음에 삼가 조의를 표하는 바입니다."

"가끔은 마땅한 시기가 무르익으면 우리에게 뭔가를 가르쳐주기 위해 특별한 사절이 온다는 생각이듭니다. 작은 회색 앵무새였던 알렉스도 그런 사절이라고 생각해요. 페퍼버그 박사나 알렉스 둘 다 처음에 얼마나 엄청난 도전이 그들을 기다리고 있는지 상상도 못했을 거란 생각이 듭니다. 그리고 둘이서 세상을 얼마나 크게 바꿔 놓을지도 역시 상상하지 못했을 겁니다. 알렉스는 진정 우리를 찾아온 보물이었습니다. 알렉스와 페퍼버그 박사는 천생연분이 될 팔자였습니다. 둘이서 한 팀이 돼서 이런 교훈들을 가르칠 운명이었던 겁니다. …… 알렉스, 넌 이 세상을 아주 긍정적으로 변화시킨 아주 희귀한 존재란다." 알래스카에서 회색 앵무새를 키우는 수잔 켈러라는 여성이 보내온 메일이었다.

앞서 말했듯이 메일을 보낸 사람들 중 상당수는 필시 알렉스를 한 번도 만나보지 못했거나, 새를 키워본 경험도 없는 사람들이었다. 그러나 어떤 면으로든 이들은 알렉스에게 감동 받고 도움을 받았다고 자신을 소개했다. 아래에 소개하는 한 편지에는 특히 그런 마음이 사무치게 드러나 있었다.

"이 이야기는 실화입니다." 편지는 이렇게 시작됐다. "1930년대 후반 한 삼십대 중반 여성이 치유할 수도 없고, 통제할 수도 없고, 병세가 너무 위중해서 한 번 잘못되면 치명적일 수 있는 심장 부정맥을 앓고 있다고 진단받았습니다. 그 결과 그녀가 할 수 있는 일은 거의 없었습니다. 그녀는 인생의 거의 전부를 잃은 것 같았습니다. 아기를 가지거나, 직장을 얻을 꿈도 꿀 수 없었고, 아주 단순한 일도 할 엄두를 내지 못했습니다. 남편은 직업상 출장이 잦았기 때문에 그녀는 종종 홀로 있어야 했습니다. 이전까지 아주 활동적이고 삶의 목표도 많았던 사람이어서 특히 미래가 갑자기 텅비어 버리자 더 힘들어했죠. 그녀는 목숨을 연명하게 해주는 약을 바라보면서 먹지 말까 하는 생각도 자주 했습니다. …… 그러던 중 그녀는 알렉스라는 이름의 놀라운 앵무새와 마찬가지로 놀라운 멘토인 이렌느 페퍼버그 박사에 대한 기사를 읽게 됐습니다. 동물을 아주 사랑하는 그녀에게 알렉스와 이렌느가 함께 해낸 일은 아주 흥미롭고, 독특하고, 중요해서 그녀는 최대한 이들이 한 일을 많이 알아내겠다고 마음먹었죠. 앵무새가 말도 할 수 있을 뿐 아니라 정말로 말을 알고 이해한다는 것, 그리고 사람들이 한 말을 듣고 대답할 수 있다는 것은 기적을 더 이상 믿지 않는 그녀에게도 기적 같은 이야기였습니다. 그래서 와병한 후 처음으로 그녀에게 목표가 하나 생겼습니다. 알렉스와 이렌느가 과학계에 증명하고 있는 기적을 그녀도 일으켜보자는 목표였습니다." 편지는 다음의 놀라운 진술로 이어진다. "이 이야기가 실화라는 걸 제가 아는 이유는 그 여자가 바로 저이기 때문입니다. 실험적인 수술과 사람을 무기력하게 만드는 합병증을 이겨내고 근 20년이 지난 지금도 전 아직까지 살아서 알렉스 재단에서 해낸 일을 따르고 있습니다. 내가 키우는 앵무새들(16살 먹은 아프리카 회색 앵무새를 포함해서)이 말하는 단어 하나하나가 제겐 아직도 기적과 같습니다. 이 아이들은 나의 생명줄입니다. 하지만 그보다 오래 전에 그 생명줄을 던져준 이들은 바로 알렉스와 이렌느였습니다. 이렌느와 알렉스 프로젝트에 참가한 모든 분들에게 진심에서 우러난 기도를 바칩니다. 이 놀라운 작은 영혼에 감동받은 우리들은 결코 그를 잊지 못할 겁니다."

메시지에는 카렌 '워렌' 그래함이라고 서명되어 있었다. 나는 지난 몇 년 동안 알렉스 재단에 매달 10달러 수표를 보냈던 워렌이란 후원자가 바로 그녀라는 걸 그제야 알게 된 것이다. 그때까지 그녀의 이런 배경에 대해 알지 못했음은 물론이다.

나는 급류처럼 밀려드는 메일들을 가능한 많이 읽어보려고 했지만 다른 일들을 처리하느라 시간이 없기도 했고 너무 힘들어서 읽지 못할 때도 있었다. 가끔은 사람 좋기로 유명한 연구소 매니저인 알렌 레빈 로위가 알렉스의 트레이너들과 알렉스를 돌봤던 사람들을 연구소에 모아 함께 그 조문 메일들을 읽었다. 그때마다 사람들은 항상 감정에 북받쳤다. 어떻게 안 그럴 수 있겠는가? 우리는 그때 3개의 새장이 있는 작은 방에 있었다. 문 쪽에 제일 가까이 있는 것은 그리핀의 새장이었고, 뒤쪽 오른 쪽에 있는 새장은 워트 것, 그리고 마지막으로 뒤쪽 왼편에 앵무새 장난감이 널려 있는, 문이 열린 새장…… 그곳은 알렉스의 보금자리였으므로.

이메일뿐 아니라 편지들도 박스째로 도착하기 시작했다. 내 오랜 친구이자 동료로 수화하는 유명한 침팬지 워쇼의 트레이너이자 동반자로 지냈던 로저 파우츠 역시 카드를 보내왔다. "지금 기분이 어떨지 잘 알아. 하지만 우리 모두 나이를 먹잖아. 난 워쇼가 지금까지 우리 옆에 있어줘서 참 다행이라고 생각해." 슬프게도 몇 주 못가서 워쇼의 죽음을 기리는 카드를 내가 로저에게 보내야 했지만.

캔자스 주의 위치타에 있는 〈생명을 위한 트레바 마터의 나무〉라는 이름의 단체에서는 매사추세츠 주 월폴의 윈드후버 동물 병원 센터에 선물로 나무 10그루를 증정했다는 증서를 보냈다. 알렉스를 기리고자 나무를 증정해서 지속가능한 생태계의 보존을 도운 멋진 선물이었다. 알렉스는 윈드후버 병원에서 가끔(내켜하지 않았지만) 진찰을 받곤 했었다. 하지만 그중에서도 내가 받은 가장 소중한 선물은 일리노이 주의 락포트에 있는 버틀러 초등학교에서 보낸 소포였다. 그 소포에는 폴더가 두 다스 들어 있었는데 폴더 하나하나에 카렌 크레이네크 선생님이 맡은 4학년 반 아이들이 직접 만든 작품이 들어 있었다. 각 폴더 앞에는 아이들이 귀엽게 그린 알렉스의 그림이 있었고, 그 안에 내게 보낸 편지가 한 통 들어 있었다. 카렌 선생님은 소포에 편지를 한 통 끼워 넣고는, 《PBS》에서 방영한 〈앵무새 : 누가 이야기하는지 보세요〉란 프로그램을 보고 자신도 10년 전 아프리카 회색 앵무새를 키우게 됐다고 설명했다. "아이들에게 척추동물 중에서 새에 대한 수업을 할 때마다 《PBS》 비디오와 제가 키우는 앵무새 사진을 보여준답니다." 그러면서 선생님은 편지에 이렇게 설명을 덧붙였다. "공교롭게도 알렉스가 죽었단 소식을 들었을 때도 마침 이 수업을 하고 있었습니다. 그래서 수업 중에 알렉스의 부고를 전했죠. 아이들은 나의 회색 앵무새가 나에게 아주 소중한 존재라는 걸 알고 있어서 이렌느씨에게 알렉스가 어떤 의미일지 모두 잘 이해하고 있었습니다. 우리는 뭔가 할 수 있는 일이 없을까 이야기했는데 아이들이 위로 카드를 만들고 싶다고 하더군요."

다음은 그 아이들이 보낸 편지 중 일부이다. "박사님에게 알렉스가 얼마나 소중했는지 전 알고 있어요." 한 아이가 이렇게 편지를 시작했다. "시간이 지나면 박사님 마음도 괜찮아질 거예요." 또 다른 아이의 편지 역시 나를 위로해 주는 것이었다. "박사님의 친구 알렉스가 떠나다니 슬퍼요. 하지만 지금 알렉스는 더 좋은 곳에 있을 거예요." 어떤 편지 하나는 특히 내 눈물을 쏟게 만들었다. "알렉스는 박사님께 아주 소중한 존재겠죠. 알렉스는 항상 박사님과 같이 있을 거예요. 나도 몇 년 전에 할머니가 돌아가셨어요. 하지만 내 마음 속 깊은 곳에서 할머니는 항상 저랑 같이 계세요. 알렉스가 박사님과 같이 있는 것처럼." 아이들의 순진무구한 마음에서 우러난 인사말들은 우리들을 너무나 감동시켜서 우린 모두 눈물을 펑펑 쏟아 냈다.

2007년 9월 28일, 알렉스가 떠난 지 3주밖에 안 됐을 때 나는 캔자스 주의 위치타시로 날아가 하이얏트 리젠시 호텔에 투숙했다. 이미 몇 달 전에 일정이 잡힌 알렉스 재단의 모금 행사 차 간 것이다. 거기서 나는 소수의 특별한 기부자들을 위한 조촐한 칵테일 파티에 참석하고 이어서 많은 사람들이 참석하는 만찬에 나가서 연설을 할 예정이었다. 거기 모인 사람들은 모두 앵무새 마니아들이었다.

나는 지난 몇 년 동안 전국을 돌면서 수십 번도 넘게 그런 연설을 해 왔었다. 그때마다 항상 알렉스가 가장 최근에 이뤄낸 성과를 발표했고, 알렉스의 또 다른 능력에 대한 배경 스토리를 전해서 알렉스의 능력이 어느 정도 되는지를 가늠할 수 있게 설명한 후 질문을 받곤 했었다. 이런 세미나들은 매번 생기 넘치고, 긍정적이었으며, 내게 영감을 주는 경험들이었다. 이런 행사에 편하게 임하면서는 무슨 말을 해야 할지 고민을 할 필요가 없었다. 그야말로 내 성격에 맞는 아주 자연스러운 모임들이었으니까. 이번 세미나에 참석하기 위해 보스턴에서 출발했을 때도 나는 평소 하던 대로 자연스럽게 하자고 생각했다. 하지만 위치타에 도착한 순간 그 확신은 아주 빠르게 사라지고 있었다. 그리고 그날 밤 호텔에 이르렀을 때는 그것이 불가능하다는 것을 깨닫게 되었다. 알렉스가 죽은 후 처음으로 여러 사람들 앞에 나서는 자리였다.

칵테일 파티에서 사람들은 내게 친절하고 사려 깊은 말을 건넸다. 만찬에서도 마찬가지였다. 세미나 장소인 하이얏트 호텔은 여전히 우아했고, 각종 요리들이 먹음직스럽게 차려져 있었다. 마침내 내 차례가 됐을 때 나는 자리에서 일어서서 날 바라보는 얼굴들을 둘러보면서 '도대체 무슨 말을 해야 하나?'란 생각을 잠깐 했다. 이제부터 내가 해야 할 말은 지금까지 해왔던 말과는 전혀 다르고 새로운 말이어야 할 터인데, 정작 나는 메모 한 장 준비하지 않았다.

나는 우리가 받았던 수천 통이 넘는 이메일과 편지에 대해 언급하면서 사람들이 표현했던 감정들에 대해 이야기했다. 그렇게 서서 이야기하는 동안 나는 마음 한구석에서 무의식중에 그동안 급류처럼 밀려든 슬픔과 감동들, 그리고 대중적인 애도의 물결이 어떤 의미였는지 분명하게 이해되기 시작했다. 나는 알렉스가 사람들의 삶에 어떻게 영향을 미쳤고, 그들이 힘들었던 시기에 어떻게 도왔는지에 대한 이야기를 사람들에게 다시 들려주고 있는 내 목소리를 들을 수 있었다. 나는 알렉스가 그녀의 삶에 어떻게 기적을 일으켰는지 설명하는 워렌 그래함의 긴 이메일을 읽어줬고, 이 글을 처음 읽었을 때 내가 얼마나 감동받았는지 이야기했다.

하이얏트 호텔에서 보낸 9월의 그 날은 그야말로 내 감정이 북받칠 대로 북받친 날이었다. 나는 소리 내서 울진 않았지만 눈가에 눈물이 그렁그렁 맺히고 목이 메서 이야기를 하다가 몇 번 중단해야 했다. 사람들도 모두 눈물을 글썽이는 게 보였다. 왜 그랬을까? 알렉스는 놀라운 성과를 이루긴 했지만 알렉스와 나는 그만큼 모욕도 많이 당해 왔었다. MIT와 하버드에서 교육을 받고 여러 대학에서 근무한 과학자라면 어느 정도의 존경은 받았을 거라고 세상 사람들은 생각하겠지만, 새를 연구하는 여자라는 입장에 서 있었던 나는 존경은커녕 그보다 더한 수모를 무수히 받기도 했었다.

그런데 나는 이제 그 숱한 상처들이 치유되고 있음을 비로소 느끼기 시작한 것이다. 알렉스의 죽음이 만들어낸 새로운 서사들에 나는 깊이 감동했던 것이고, 그동안 전혀 상상도 하지 못했던 일이 마침내 나에게 일어나게 한 것이다. 죽음을 통해 치유라는 선물을 내게 안겨준 나의 사랑 알렉스.

나는 이제 지난 1년의 시간들을 '내 삶의 근사한 순간'이라고 부르게 됐다. 이 말은 1946년에 나온 영화 제목이다. 영화는 처음 미국 중부 지역 어느 도시의 말단 은행원 조지 베일리(지미 스튜어트가 연기)가 자신의 삶이 너무 보잘것없다는 데 회의를 느끼고 크리스마스에 자살하려는 것으로 시작된다. 조지가 막 얼음장같이 찬 강물에 몸을 던지려고 하는 순간, 날개를 획득해야 하는 2등급 천사 클라렌스가 조지를 저지한다. 클라렌스는 조지의 지나간 삶을 주마등처럼 펼쳐

보이면서 그동안 그가 했던 사소한 일들이 얼마나 많은 사람들을 도왔는지 깨닫게 해준다. 내게 위치타에 있었던 그 순간 내 옆에 있던 그 모든 선량한 사람들과 그들이 보낸 메시지들이 바로 나의 클라렌스들이었던 것이다. 이들은 그동안 계속 내 옆에서 일어나고 있었지만, 내가 미처 보지 못했던 것들을 일깨워준 것이다. 알렉스와 내가 함께 했던 일들이 헛된 일이 아니었다는 확신을.

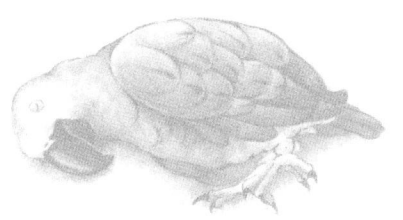

> 감사의 글

 알렉스가 죽은 후 이메일과 편지와 전화를 걸어주신 분들, 이 책을 써야 한다고 저를 설득해주신 분들……. 알렌, 당신이 없었더라면 난 견디지 못했을 거야……. 지난 세월 동안 몇 달러든, 몇 천 달러든 연구비로 쓸 수 있게 재정적인 후원을 해주신 분들, 모금 행사를 준비하느라 수없이 소중한 시간을 보낸 분들, 기쁠 때나 슬플 때나 항상 마음으로 지지해주신 분들……. 감사합니다! 끝으로 이 원고의 초안을 쓸 수 있도록 도와주신 로저 르윈에게 고맙다는 말을 전하면서.

> 《알렉스와 나》에 대한 찬사들

　《알렉스와 나》는 매우 총명한 새와 한 열정적인 과학자가 오랜 세월에 거쳐 공동 연구로 발전시킨, 친밀하고 끈끈한 유대감에 대한 경이로운 책이다. 이 책은 보다 사적으로 새의 시각에서 '안과 밖'과 '오르막과 내리막'을, 그들이 한 과학적 연구의 배후에 대해 이야기해주고 있다. 이렌느 페퍼버그는 과학을 인본주의화하고 있으며 '새 대가리'라 불리었던 그녀의 절친한 친구 알렉스는 실로 최고라는 찬사를 받을 만하다.

― 《동물의 도덕적 삶》의 저자, 마크 베코프

　용감한 책이다. 웃게도 만들고 마침내는 몹시 슬프게도 만든 알렉스를 친구처럼 다루면서 페퍼버그 박사는 의식의 문제를 싸늘한 환원주의로 규정해버리는 이들로부터 오랫동안 맞서 싸워왔다. 나는 앵무새의 지적 능력이란 숨겨진 이야기에도 깊이 매료되었지만, 《알렉스와 나》에서 가장 감동적인 부분은 그들의 우정에 대한 이야기다.

- 《텔레그라프 힐의 야생 앵무새》의 저자, 마크 비트너

놀랍다. 유머와 역사, 유대감, 철학, 과학이 결합된 심금을 울리는 러브 스토리이다. 이렌느와 알렉스의 30년 관계에 대한 너무도 즐거운 책이다.

- 《나를 가진 앵무새》의 저자, 조안나 버거

때로 한 개인이 세상을 바꾸기도 한다. 심지어 그것이 앵무새일지라도. 스승인 이렌느 페퍼버그와 함께 알렉스는 새들이 인간의 언어를 흉내만 낸다는 개념을 체계적으로 파괴시켰다. 이 책에 설명된 것처럼 과학적 끈기와 서로의 애정으로 인해 알렉스는 분명히 그 자신의 생각과 마음을 가질 수 있었다. 여태껏 우리가 새에 대해 가지고 있던 개념이 영원히 바뀔 것이다.

- 《내 안의 유인원》의 저자, 프란스 드 발

동물을 사랑하는 사람이라면 누구든 이 책을 읽어야만 한다. 이렌느 페퍼버그는 사람과 동물 사이의 소통을 연구한

선구자이다. 알렉스는 새가 사람들이 생각하는 것보다 훨씬 더 똑똑하다는 것을 세상에 증명해냈다.

– 《동물과의 대화》의 저자, 템플 그랜딘

비범하고, 매력적이며, 모든 면에서 흡족한 책이다. 또한 광범위한 독자층의 마음을 끄는 매력이 있다. 일반인도 감동적으로 읽을 수 있도록 쉽게 썼지만 동시에 꼬장꼬장하기 그지없는 과학자들이 읽어도 감탄을 금치 못할 만큼 세련된 내용의 이 책은 알렉스와 그의 지적이고, 불굴의 정신력을 소유하고 있으며, 선구자로서의 길을 걸어간 동료 이렌느 페퍼버그 사이에 존재한 깊은 유대감에 바치는 감사의 선물이다. 그야말로 전무후무한 걸작이다.

– 《개의 숨겨진 삶》의 저자, 엘리자베스 마셜 토마스

이렌느 페퍼버그 박사가 알렉스와 한 연구 덕분에 우리는 사실상 처음으로 동물 지능이란 세계를 깊이 있게 들여다볼 수 있었다. 박사는 우리가 새의 두뇌를 바라보는 방식을 영원히 바꾸어 놓았다. 실로 고마운 일이 아닐 수 없다. 그러나 이보다 더 중요한 점은 알렉스가 영리할 뿐만 아니라 놀랄 만큼 깊은 감정을 지니고 있었다는 것을 박사가 서서히 깨닫게 됐다는 것이다.

– 《코끼리가 울 때》의 저자, 제프리 메이슨

함께 사는 세상에 대한 견해를 표현할 수 있는 다른 종들에 대한 우리의 생각의 경계를 크게 확대시켜준 매력적인 이야기. 알렉스 이야기는 지구에서의 삶을 이해하는 우리의 여정과 그 삶을 바르게 이끌고 가야 하는 책임에 대한 큰 이정표가 될 것이다. 술술 읽히면서, 매력적이며 또한 매우 교훈적인 이야기이다.

- 《코고는 새와 까마귀의 지성》의 저자, 베른트 하인리히

옮긴이 박산호는 한국 외국어대학교 인도어과와 한양대학교 영어교육학과를 졸업하였다. 출간한 역서로는 《세계 대전Z》, 《카르페 디엠》, 《내 인생은 로맨틱 코미디》, 《경영의 창조자들》, 《도살장》, 《마네의 연인 올랭피아》, 《다크 타워》 등이 있다.

Alex & Me

천재 앵무새
알렉스와 나

초판 1쇄 발행 2009년 6월 20일
지은이 이렌느 페퍼버그
옮긴이 박산호
펴낸이 강경미
펴낸곳 꾸리에북스
디자인 최희선(heesun681@naver.com)
출판 등록 2008년 08월 1일 제 313-2008-000125호
주소 (우)121-837 서울 마포구 서교동 362-12번지 4층
전화 02)336-5032
팩스 02)336-5034
전자우편 courrierbook@naver.com

값 13,000원

한국어판 출판권 ⓒ 꾸리에북스, 2009

ISBN 978-89-962175-5-8 03840

*정성을 다해 만들었습니다만, 간혹 잘못된 책이 있습니다.
연락주시면 바꾸어 드리겠습니다.